Josef Seuffert

Lebendige Zeichen

Josef Seuffert

Lebendige Zeichen

Kleine Fibel christlicher Symbole

Herder
Freiburg · Basel · Wien

Fünfte Auflage

Zeichnungen: Alois Plum

Mit kirchlicher Druckerlaubnis
Mainz, den 15. Juli 1983
Martin Luley, ständiger Vertreter des Kapitularvikars
Herstellung: Freiburger Graphische Betriebe 1991
ISBN 3-451-19850-9

EINFÜHRUNG

Angenommen, einer hätte niemals etwas von Indianern gehört. Dann sieht er einen Film: Indianer sitzen im Kreis; eine geschmückte Pfeife macht die Runde; jeder nimmt einen Zug und bläst den Rauch in die Luft. Was erkennt dieser Zuschauer? Nur eine Runde rauchender Männer. Was eigentlich geschieht, versteht er nicht. Denn die Pfeife ist ein Zeichen. Sie ist ein Zeichen für den Friedensschluß.

Menschen können ohne Zeichen nicht leben. Deswegen gehören sie so selbstverständlich in unseren Alltag, daß wir gar nicht besonders darauf achten, wieviel Zeichen wir benutzen, um uns gegenseitig etwas zu „zeigen", oder um uns zu verständigen. Man könnte einwenden: Es gibt doch die Sprache und die Schrift. Aber stellen wir uns einmal unsere Straßen vor, wie sie aussehen würden, wenn statt Verkehrszeichen Wortschilder herumstünden. Nur ein Beispiel: „Ab diesem Punkt ist Kurzparken von 18 bis 7 Uhr erlaubt, von 7–18 Uhr ist absolutes Parkverbot." Zeichen sind da einprägsamer und vernünftiger. – Zeichen können aber auch schöner sein. Wenn ich nicht nur „Danke, Mutter!" sage, sondern ihr auch Blumen gebe, dann macht das Zeichen der Blumen den Dank tiefer und erfreulicher. – Ohne Zeichen können wir nicht leben.

Wir Christen haben auch für unser Leben aus dem Glauben viele Zeichen. Von diesen handelt das vorliegende Buch. Manches dieser Zeichen ist schon viele tausend Jahre alt. Wir treffen sie in unsern Kirchen, in Büchern und auf Fernsehbildern. Das Beispiel von der Friedenspfeife sagt uns, daß Zeichen nur wirken können, wenn sie verstanden werden. Darum sollen die Beiträge des Buches die Zeichen und Symbole, die uns umgeben, besser verstehen lernen. Oder weiß jeder Ministrant, warum Weihrauch im Gottesdienst verwendet wird?

Manche Zeichen kommen von Gott selbst und von Jesus Christus, etwa der Regenbogen oder Brot und Wein. Manche Zeichen wurden von Menschen erfunden.

Manche Zeichen kann man zeichnen, etwa das Kreuz. Manche Zeichen sind eine Handlung, etwa die Kniebeuge. Manche Zeichen sind eine Vorstellung, etwa die Kirche als der Leib Christi.

Manche Zeichen sind ein einfaches Verständigungsmittel; manche bezeichnen eine Gemeinschaft zwischen Menschen, oder die Gemeinschaft zwischen Mensch und Gott; manche weisen auf eine Wirklichkeit hin, die man sonst nicht sehen kann. Die tiefsten und lebendigsten Zeichen sind die, die das enthalten, was sie anzeigen: es sind die sakramentalen Zeichen. Diese sieben Zeichen sind „Hand"lungen. Darum ist ihre Darstellung in diesem Buch jeweils mit der Hand verbunden.

Wenn ich die Bedeutung eines Zeichens kenne, wenn ich diese Bedeutung im Herzen habe, dann sagt mir das Zeichen etwas, wenn ich es sehe, oder wenn ich es vollziehe. So soll dieses Buch helfen, mit den lebendigen Zeichen unseres Glaubens vertraut zu werden. Wenn wir ihnen dann begegnen, regt sich etwas in uns. Unser Glaube wird lebendiger. Es wird schöner, ein Christ zu sein.

Brauchen können dieses Buch vor allem die Ministranten und diejenigen, die einen anderen liturgischen Dienst versehen. Auch im Religionsunterricht und bei der Sakramentenvorbereitung kann es gute Dienste leisten. Die einzelnen Beiträge können Anregungen für Kurzansprachen sein.

Zu jedem der Zeichen könnte man natürlich noch viel mehr sagen. Das kann im Gespräch geschehen. Oft sind auch Stücke aus dem Gotteslob oder Schriftstellen angegeben, die das Bekanntwerden mit dem, was die Zeichen bezeichnen, vertiefen können.

Die kleinen Zeichnungen dieses Buches warten darauf, nachgezeichnet zu werden. Man kann sie auch als Vorlage für Blumenteppiche, etwa zur Fronleichnamsprozession, für Steinmosaiken oder als Stickmuster verwenden.

Die Zeichen sind nach Sachgruppen geordnet, weil so ihr Zusammenhang deutlich wird. Deshalb ist es zu empfehlen, gelegentlich eine Sachgruppe ganz durchzulesen. Die Inhaltsübersicht zu Beginn des Buches kann da eine Hilfe sein. Wer ein einzelnes Zeichen sucht, dem hilft das Stichwortregister am Ende des Buches.

Es gibt mehr christliche Zeichen, als in diesem Buch beschrieben sind. Wenn jemand auf ein solches trifft, mag er es auf ein Blatt zeichnen und eine Erklärung dazu schreiben. Dann kann er das Blatt zwischen die Seiten des Buches legen.

Zeichen zu haben und Zeichen zu kennen ist schön. Aber einmal werden wir keine Zeichen mehr brauchen. Wenn Jesus wiederkommt, wenn er uns in seine Herrlichkeit aufnimmt, dann weichen die Zeichen einer Wirklichkeit, die bis jetzt kein Auge gesehen hat, kein Ohr gehört hat und kein Herz sich wünschen kann. Und gerade auf diese Freude wollen uns die Zeichen vorbereiten.

Josef Seuffert

INHALT

HEILIGES JAHR

HEILIGER RAUM

HEILIGES WORT

HEILIGE HANDLUNG

DER LEBENDIGE GOTT

Niemand hat Gott je gesehen. Als Mose ihn fragte, ob er ihn einmal sehen könnte, sagte Gott: „Wenn du mich sehen würdest, müßtest du sterben." Aber Gott hat sich doch zu erkennen gegeben in Worten und in Zeichen.

Der eine Gott

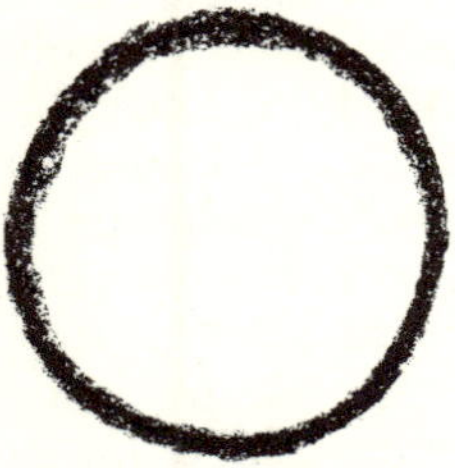

Ein Kreis ist rund, in sich geschlossen. Er bildet eine Einheit. Er ist etwas Vollkommenes. Darum ist der Kreis ein Symbol für Gott. Denn Gott ist ein einziger Gott. Er ist vollkommen. – Dieses Symbol sagt uns aber zugleich, wie schwer es ist, etwas über Gott zu sagen, das ganz richtig ist. Unsere Worte sind zu arm dazu, und auch unsere Zeichen sind zu arm. – „Höre, Israel! Jahwe, unser Gott ist einzig. Darum sollst du den Herrn, deinen Gott, lieben mit ganzem Herzen, mit ganzer Seele und mit ganzer Kraft. Diese Worte sollen auf deinem Herzen geschrieben stehen."

Großer Gott, wir loben dich. *GL* Nr. 257, 1–3
Deuteronomium 6, 4–6

Der dreifaltige Gott

Gott ist einer. Ebensowahr ist es zu sagen, Gott ist nicht allein. Er ist ein Wir: *ein* Gott in drei Personen. Auf diesen Gott sind wir getauft: Im Namen des Vaters und des Sohnes und des Heiligen Geistes. Diese drei Personen sind ganz eins in der Liebe. Gott ist die Liebe. Das ist das Größte und Schönste, das wir von Gott sagen können. – Als Symbol der Dreifaltigkeit verwenden wir das Dreieck. Es zeigt noch deutlicher als der Kreis die Armut unseres Erkennens.

Dreifaltiger verborgner Gott. *GL* Nr. 279
Matthäus 28, 16–20

Der Schöpfer

Aus dem Kreis streckt sich die Hand. Das sagt: Gott, der in sich selbst vollkommen und glücklich ist, ruft etwas anderes ins Leben: Die Welt, die wir kennen; die Sterne, die Sonne, die Erde und auf der Erde Berge und Meere und Land und Flüsse, Pflanzen und Tiere – und uns Menschen. – „Du wohnst in unzugänglichem Licht. Alles hast du erschaffen, denn du bist die Liebe und der Ursprung des Lebens."

Lobgesang der Schöpfung. *GL* Nr. 281
Jesus Sirach 42, 15–25

Das Auge Gottes

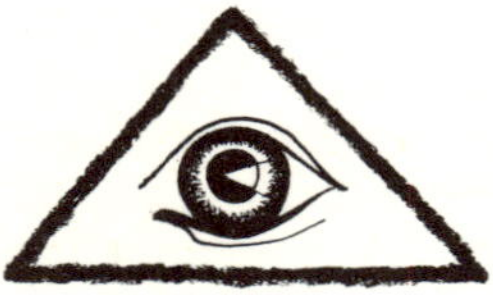

Im Dreieck ein Auge. Das meint: Gott schaut seine Schöpfung an. Obwohl er für sich vollkommen ist und niemanden braucht, läßt er sein Werk nicht allein. Er bleibt der Schöpfung zugewandt, vor allem uns Menschen, jedem einzelnen von uns. Keiner ist ihm gleichgültig. – „Ein Auge ist, das alles sieht, auch was in dunkler Nacht geschieht." Mancher hat Angst, weil er an das Auge des strafenden Gottes denkt. Er möchte sich verbergen. Aber wir sollten uns freuen, daß Gott uns immer anschaut. Denn er liebt uns.

Herr, dir ist nichts verborgen. *GL* Nr. 292
Jesus Sirach 39, 12–20

Der Regenbogen

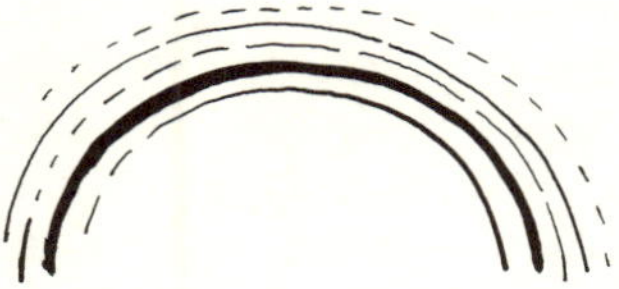

Der Regenbogen ist ein Zeichen der Freundschaft zwischen Gott und den Menschen. Wir kennen die Geschichte von Noach, wie er in der Arche gerettet wurde. Nach der großen Flut schloß Gott mit Noach einen Freundschaftsbund. Wenn wir einen Regenbogen sehen, sollen wir daran denken, daß Gott unser Freund ist. Wir sollen daran denken, daß Gott diese Freundschaft niemals verrät. Denn er ist treu. – Nur wir Menschen brechen die Treue immer wieder. So ist der Regenbogen auch eine Mahnung an uns, daß wir treu in der Freundschaft mit Gott bleiben.

Mein ganzes Herz erhebet dich. *GL* Nr. 264
Genesis 9,8–17

Der brennende Dornbusch

Ein Dornbusch, der brennt und doch nicht verbrennt. Das ist ein Zeichen, das Gott uns selbst gegeben hat. Aus dem Dornbusch hörte Mose eine Stimme: „Ich bin der Gott deines Vaters, der Gott Abrahams, der Gott Isaaks und der Gott Jakobs.“ Gott hat sich ein Volk erwählt, die Kinder Abrahams. Mose war der Führer dieses Volkes. Aus dem Dornbusch offenbart sich Gott als der Gott seines Volkes. – Und Gott sagt dem Mose seinen Namen. Ein Name, der uns überrascht: Ich bin der „Ich bin da“. So sollst du zu den Israeliten sagen: Der „Ich bin da“ hat mich zu euch gesandt. – Das übertrifft noch das, was uns das Auge sagt. Gott schaut nicht nur von Ferne. Er ist da, mitten unter seinem Volk.

Herr, unser Herr, wie bist du zugegen. *GL* Nr. 298
Exodus 3,1–15

Jahwe

Das Volk des alten Bundes hat Gott mit dem Namen JAHWE genannt. Das war ihm das heiligste Wort. Viele fromme Juden haben es aus Ehrfurcht nie ausgesprochen. Zu sehr war ihnen bewußt, daß der große Gott, der „Ich bin da“ gegenwärtig ist. – Weil Jesus zu uns gekommen ist, haben wir diese Furcht nicht mehr. Ja, wenn wir „Jesus“ sagen, sagen wir zugleich „Jahwe“. Denn der hebräische Name „Jeschua“ heißt auf deutsch: „Jahwe rettet uns“. In Jesus ist Gott ganz bei uns.

Gott wohnt in einem Lichte. *GL* Nr. 290
Exodus 6, 1–8

Die Tafeln des Bundesgesetzes

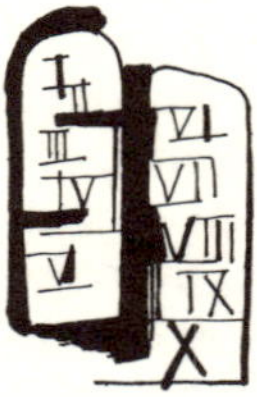

Weil Gott uns liebt, hat er uns eine Hilfe gegeben, die der Freundschaft dient. Auf dem Sinai hat er dem Mose die Gebote gegeben. Ist das ein Geschenk oder eine Last? Niemand hat gern Gebote. Aber, wenn wir näher darüber nachdenken, merken wir, daß die Gesetzestafeln doch ein Geschenk sind. Die zehn Gebote sagen nur, was uns hilft, Freunde Gottes zu sein. Vielleicht verstehen wir dann auch das Wort: „Halte die Gebote und du wirst leben.“ Auf zwei Tafeln sind die Gebote geschrieben. – Man kann sie auch zu einem Doppelgebot zusammenfassen. Das hat Jesus getan. So steht auf der einen Seite: „Du sollst den Herrn deinen Gott lieben.“ Und auf der anderen steht: „Du sollst deinen Nächsten lieben wie dich selbst.“ Das kann jeder verstehen. Das kann jeder wollen. Das kann jeder versuchen zu tun.

Wohl denen, die da wandeln vor Gott in Heiligkeit. *GL* Nr. 614
Die Zehn Gebote. *GL* Nr. 61

Vater

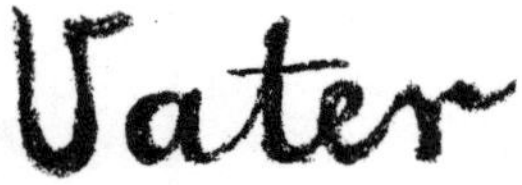

Jesus sagt: So sollt ihr sprechen: „Vater unser“. Das ist der schönste Name: „Vater“. So dürfen wir Gott nennen, weil Jesus unser Bruder ist. Er sagt: „Ich gehe zu meinem Vater und zu eurem Vater.“ Der Vater gibt uns das Leben, er liebt uns, er sorgt für uns. – Eines dürfen wir dabei nicht vergessen. Wenn Gott unser Vater ist, dann sind wir alle Geschwister. Alle Menschen sind miteinander verwandt. Darum sollen wir einander lieben.

Dank sei dir Vater. *GL* Nr. 634, 1
Matthäus 6, 9–15

JESUS CHRISTUS

Am deutlichsten hat sich Gott in Jesus Christus zu erkennen gegeben. Darum ist er die Mitte unseres Glaubens, und viele Zeichen weisen auf ihn hin. Eigentlich haben alle Zeichen dieses Buches mit Jesus Christus zu tun.

Das Kreuz

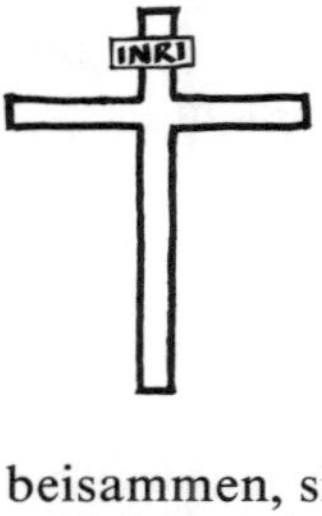

Zwei Linien, eine senkrecht, eine waagrecht. Zwei Holzbalken kreuzen sich. Und daran hängt ein Mensch. Das ist das Zeichen der Christenheit. Ein Balken zeigt zum Himmel, der andere zeigt nach beiden Seiten auf die ganze Erde. Himmel und Erde sind in diesem Zeichen verbunden. Gott und Mensch sind beisammen, sind wieder beisammen. In Jesus sind Gott und Mensch ganz eins. – Von Anfang an sollte der Mensch mit Gott verbunden sein. Aber der Mensch konnte diese Verbindung, diesen „Bund“ verlassen. Und er hat es getan. Er hat im Ungehorsam die Freundschaft mit Gott verlassen. Jesus hat durch seinen Gehorsam bis zum Tod am Kreuz die Verbindung wieder hergestellt. „Dies ist der neue Bund in meinem Blut.“ Die Verbindung ist nun unauflöslich. Darum singen wir: „Im Kreuz ist Heil, im Kreuz ist Leben, im Kreuz ist Hoffnung."

O du hochheilig Kreuze *GL* Nr. 182
Jesus Christus ist der Herr. *GL* Nr. 174

Jesus

Die griechischen Anfangsbuchstaben des Namens Jesus sind IHS. Man nennt die drei Buchstaben das Jesus-Monogramm. Ein Monogramm ist ein Erkennungszeichen aus Buchstaben. – Der Engel sagte zu Josef: „Ihm sollst du den Namen Jesus geben; denn er wird sein Volk von seinen Sünden erlösen." Jesus ist ein hebräischer Name. Er bedeutet: Jahwe rettet uns. (Man kann auch übersetzen: Gott ist Heil.) Das ist also nicht nur ein Rufname zur Unterscheidung von anderen Menschen. Der Name sagt uns, wer das Kind von Betlehem, der Mann aus Nazaret ist: Er kommt von Gott, um uns zu retten. Darum steht in einem Lied der Urgemeinde, das uns Paulus aufgeschrieben hat: Vor dem Namen Jesus müssen sich alle Knie beugen im Himmel und auf der Erde und unter der Erde. – Und jeder sollte sich freuen, der den Namen Jesus hört, oder der das Jesusmonogramm sieht.

O lieber Jesu, denk ich dein. *GL* Nr. 550
Lukas 1,26–36

Christus – der Gesalbte

Das griechische Chi schreibt sich wie das deutsche X und das griechische Rho schreibt sich wie das deutsche P. Es sind die beiden Anfangsbuchstaben des Namens CHRISTUS. Wenn man sie ineinanderschreibt, entsteht das Christuszeichen, das wir alle kennen. – Wir nennen Jesus von Nazaret Christus. Das ist die Übersetzung des hebräischen Namens Messias. Und Messias heißt der Gesalbte. Auf den Messias, den Gesalbten, hat das Volk Gottes gewartet. – Im Alten Bund wurden die Könige und die Priester mit Öl gesalbt. Das war ein Zeichen, daß sie von Gott erwählt waren. Es war ein Vorzeichen auf *den* Gesalbten, den Priester und König, der alle retten sollte. – Wir nennen uns Christen, weil wir glauben, daß Jesus der Christus ist, unser König und unser Hoherpriester. Mit Petrus bekennen wir: „Du bist der Messias, der Sohn des lebendigen Gottes."

Christus Sieger, Christus König, Christus Herr in Ewigkeit. *GL* Nr. 564
Matthäus 16, 13–20

Licht und Leben

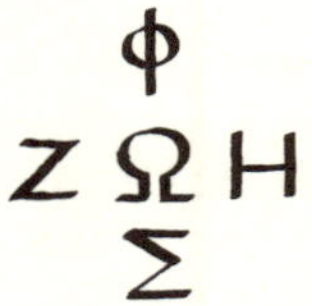

Die griechischen Wörter für Licht und Leben bestehen beide aus drei Buchstaben und haben beide als mittleren Buchstaben das Omega. Das hat dazu geführt, daß man beide Wörter in Kreuzform zusammenstellen kann. So sagt dieses Zeichen: Christus ist unser Licht und unser Leben.Von dem Wort Phos (Licht) ist das Wort Photographie (Lichtbild) abgeleitet. Von dem Wort Zoé oder Zoä (Leben) ist das Wort Zoologie (Lehre vom [tierischen] Leben) abgeleitet.

Ich will dich lieben, o mein Leben. *GL* Nr. 558,2 und 7

Christus Sieger

Von Anfang an hat die Kirche Christus als Sieger über Tod und Sünde bezeichnet. Das hat zu einem Zeichen geführt, dem man auch heute noch begegnet. Die Inschrift bedeutet: Jesus (IC) Christus (XC) Sieg(er) (NIKA).

Christus Sieger. *GL* Nr. 564; Christus, Sieger über Schuld und Sünde. *GL* Nr. 214

Der Menschensohn

Auch Wörter können Zeichen sein. Aus den Wortzeichen und Namen Jesus und Christus sind auch Buchstabenzeichen (Monogramme) geworden. Der Name, den sich Jesus selber gibt, ist nicht zu einem Buchstabenzeichen geworden. Trotzdem ist er ein Zeichen, weil er eine wichtige Wirklichkeit bezeichnet. – Jesus nennt sich Menschensohn. Nun, könnte man sagen, Menschenkinder sind wir doch alle. Und das ist sicher sogar ein Grund für diesen Namen. Jesus ist ganz und gar einer von uns, „in allem uns gleich, außer der Sünde". – Aber es heißt: *Der* Menschensohn, nicht *ein* Menschensohn. Wir sind ja durch die Taufe auch alle Kinder Gottes. Aber Jesus ist *der* Sohn Gottes. Darum bedeutet Menschensohn auch: Jesus ist der einzige, der wirklich Mensch ist, so wie ein Mensch sein soll, ganz und gar mit Gott verbunden. – Aber der Name bedeutet noch ein drittes: Er kommt auf den Wolken des Himmels und errichtet sein Reich, das niemals untergeht. So hat es der Prophet Daniel vom Menschensohn vorhergesagt. Und wenn wir diesen Namen hören, denken wir an diese Weissagung.

Herr Jesus, du König aller Menschen. *GL* Nr. 495, 2
Daniel 7, 13–14 – Offenbarung 1, 9–20

Lamm Gottes

Wir sehen ein Lamm mit der Todeswunde. Ein kleines, hilfloses Tier, das sich nicht wehrt, wird getötet. Damit ist Jesus gemeint. In ihm ist das Osterfest der Juden erfüllt. Sie schlachteten das Osterlamm als Zeichen der Rettung. Und wir sagen: „Christus ist unser Osterlamm." Vom Kreuzestod sagen wir: „Wie ein Lamm wurde er zur Schlachtbank geführt." Und schon Johannes der Täufer zeigte auf Jesus und sagte: „Seht das Lamm Gottes, das hinwegnimmt die Sünde der Welt." So hören wir es immer vor der Kommunion. – Ein wichtiges Gleichnis: Jesus hat für uns sterben müssen, um uns das Leben zu erwerben. Von seinem Fleisch und Blut leben wir. – Warum macht uns das Bild vom getöteten Lamm nicht traurig? Die Schrift sagt: „Weine nicht! Gesiegt hat der Löwe aus dem Stamm Juda." Das schwache kleine Lamm ist in Wirklichkeit der König. Es ist nicht tot, es lebt und herrscht. So wird es in der Offenbarung des Johannes beschrieben.

Singt das Lob dem Osterlamme. *GL* Nr. 215–217 (und alle Agnus-Dei-Gesänge)
Offenbarung 5,5–14

Der Gute Hirt

Im Neuen Testament steht der Satz: „Das Lamm wird sie weiden und sie führen zu den Wassern des Lebens." Und wir singen: „Der Herr ist mein Hirt; er führt mich an Wasser des Lebens." Das Lamm ist zugleich der Hirt. Beide Bilder sind richtig. Jesus sagt von sich: „Ich bin der gute Hirt. Der gute Hirt gibt sein Leben für die Schafe." Auch das Lamm gibt sein Leben für die Schafe. – Aber das Bild vom guten Hirten sagt noch anderes: Jesus will uns führen. Wir sollen ihm nachfolgen. Dann finden wir den Weg zur „guten Weide" und zum „Wasser des Lebens". – Jesus sucht die verlorenen Menschen, er geht uns nach, weil er verhindern will, daß wir dem „Wolf" zum Opfer fallen. – Jesus sammelt alle, die sich finden und führen lassen zu einer „Herde". Und es wird ein Hirt sein und eine Herde.

Der Herr ist mein Hirt. *GL* Nr. 718
Johannes 10,1–21

Der Weinstock

In unsern Weinbergen stehen viele kleine Weinstöcke. Aber manchmal finden wir ein Haus, bei dem steht ein großer Weinstock mit vielen Tausenden von einzelnen Rebzweigen. Wir können uns die Erdkugel vorstellen, über die sich ein einziger Weinstock ausbreitet. Da haben wir die beste Vorstellung von dem, was Jesus meint, wenn er sagt: Ich bin der Weinstock und ihr seid die Rebzweige. Die Rebzweige haben nur deswegen Blätter und Blüten und Trauben, weil sie mit dem Weinstock verbunden sind. Er schickt aus den Wurzeln den Lebenssaft in jede einzelne Rebe. Seit unserer Taufe sind wir eine Rebe, die mit dem Weinstock Jesus verbunden ist. Er sagt: „Bleibt in mir, dann bleibe ich in euch.“

Gieß sehr tief in mein Herz hinein. *GL* Nr. 554,3
Johannes 15,1–17

Das Weizenkorn

Jesus spricht von seiner Verherrlichung und benutzt dazu das Bild vom Weizenkorn, das sterben muß. Denn wenn es stirbt, bringt es viele Frucht. Das ist ein Bild, das man nicht vergißt. – Dieses Bild gilt nicht nur für Jesus. Der Märtyrer Ignatius schreibt in einem Brief kurz bevor er den wilden Tieren vorgeworfen wurde: „Weizen Christi bin ich.“ Denn das Bild gilt auch von uns. Jeder Mensch kann wie ein Weizenkorn sein, wenn er sich hingibt, auch wenn er nicht gleich sterben muß. Hingeben ist ein anderes Wort für lieben.

Das Weizenkorn muß sterben. *GL* Nr. 620
Johannes 12,20–26

Der Pelikan

Dieses Bild geht auf eine Tierlegende zurück. Man erzählt sich vom Pelikan, daß er seine Jungen mit dem eigenen Blut aus seiner Brust nährt, wenn er keine Nahrung mehr für seine Kinder findet. Das ist ein Bild für die mütterliche Liebe Gottes. Sie ist in Jesus sichtbar geworden. Von seinem Blut leben wir alle.

Gleich dem Pelikane. *GL* Nr. 546,6

Herz Jesu

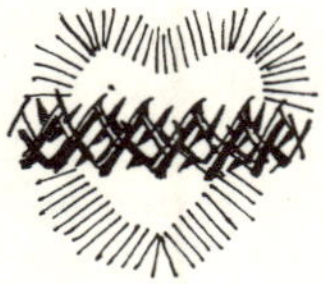

Unser ganzer Körper wird durch das Herz mit Blut versorgt. Jede Zelle unseres Körpers braucht diese Versorgung. So ist Jesus das Herz der Kirche, das alle am Leben hält. – Mit Herz meinen wir aber auch das Innerste einer Person. Wenn ein Mensch einen andern liebt, sagen wir: Er schenkt ihm sein Herz. – Gott liebt uns. Er schenkt uns sein Herz. Er hat uns seinen Sohn geschenkt. Und in Jesus offenbart sich uns die Liebe des Vaters. „So sehr hat Gott die Welt geliebt, daß er seinen Sohn für uns hingab.“ Darum stellen wir die Liebe Jesu in einem Herzen dar. Und weil sich diese Liebe am deutlichsten am Kreuz gezeigt hat, sehen wir auf den Bildern ein verwundetes Herz mit der Dornenkrone. Am ersten Freitag jeden Monats feiern wir den Herz-Jesu-Freitag.

O Herz des Königs aller Welt. *GL* Nr. 549
Johannes 19,31–37

Der Eckstein

Jesus erzählt in dem Gleichnis von den bösen Winzern, wie diese den Sohn des Besitzers umbringen. Mit dem Sohn meint er sich selbst. Als die Zuhörer sich gegen das Gleichnis wehren, weist Jesus sie auf einen Satz hin, den sie alle schon oft im Osterpsalm gesungen hatten: „Der Stein, den die Bauleute verwarfen, er ist zum Eckstein geworden.“ – Als Petrus vor dem Hohen Rat steht und eine Aussage machen muß, da sagt er von Jesus: „Er ist der Stein, der von euch Bauleuten verworfen wurde, der aber zum Eckstein geworden ist.“ – Die Leute damals verstanden genau, was gemeint war. Denn in den damaligen Häusern gab es einen Stein auf dem alles ruhte, der alles zusammenhielt. Wenn man ihn herausnahm, stürzte das Haus zusammen. Man wählte immer einen besonders guten Stein aus. Jesus ist der, auf dem alles ruht, der alles zusammenhält. Deshalb singen wir: „Die Kirche ist erbauet auf Jesus Christ allein.“ So sagt es auch Paulus im Brief an die Epheser (Diese kannten schon Gewölbe, die von einem Schlußstein zusammengehalten werden.): „Der Schlußstein ist Christus Jesus selbst. Durch ihn wird der ganze Bau zusammengehalten und wächst zu einem heiligen Tempel im Herrn. Durch ihn werdet auch ihr im Geist zu einer Wohnung Gottes erbaut.“

O König, Sehnsucht aller Welt. *GL* Nr. 112, 7
Psalm 118. *GL* Nr. 235/236

Im Advent rufen wir Christus mit sieben Namen. An den sieben Tagen zwischen dem 17. und 23. Dezember wird der Ruf nach dem kommenden Herrn besonders eindringlich. Sieben Namen, die dem Messias im Alten Bund gegeben werden, stehen an der Spitze der großen Antiphonen zum Magnifikat, die auch in der Eucharistiefeier gesungen werden können.

Herr, send herab uns deinen Sohn. *GL* Nr. 112 jeweils die entsprechende Strophe; und Andacht im Advent. *GL* Nr. 772, jeweils der entsprechende Abschnitt. Zum Singen findet man die großen Antiphonen im Werkbuch zum Gotteslob, Band I, Seiten 215–220.

1. O Sapientia – O Weisheit

Im Alten Testament wird die Weisheit nicht nur als Eigenschaft Gottes genannt. Die Weisheit Gottes wird als Person angeredet und sie spricht auch als Person zu uns: „Der Herr hat mich geschaffen im Anfang seiner Wege. Als er die Fundamente der Erde abmaß, da war ich als geliebtes Kind bei ihm. Ich war seine Freude Tag für Tag und spielte auf seinem Erdenrund. Meine Freude war es, bei den Menschen zu sein." So ist es zu verstehen, daß wir Jesus den Namen Weisheit geben.

Sprichwörter 8

2. O Adonai – O Herr

Das Volk Israel rief seinen Gott auch mit dem Namen Adonai, das heißt Herr. So nannten vor allem die griechisch sprechenden Christen von Anfang an Jesus und zwar mit dem griechischen Wort Kyrios. Denn die Griechen nannten auch den römischen Kaiser Kyrios. Darum bedeutet dieser Titel ein Doppeltes: Jesus ist der menschgewordene Gott, er ist unser höchster Herr.

Jesus Christus ist der Herr. *GL* Nr. 174

3. O radix Jesse – O Wurzel Jesse

Jesse ist der Vater des David. Heute sagen wir Isai. Aber die Bezeichnung Jesse ist noch weiter verbreitet. Als das Königshaus des David ganz verdorben war, hat es der Prophet Jesaja mit einem gefällten Baum verglichen, von dem nur noch ein Wurzelstock übrig ist. Und der Prophet verspricht, daß aus diesem Wurzelstock Jesses (oder Isais) ein neuer Sproß hervorkommt: Der Messias.

Es ist ein Ros entsprungen. *GL* Nr. 132.
Jesaja 11

4. O clavis David – O Schlüssel Davids

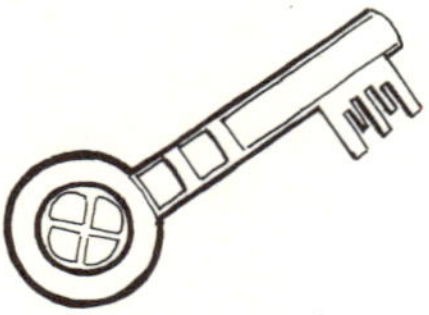

Mit einem Schlüssel kann man Türen öffnen und schließen. Der Sohn Davids hat auch die Schlüsselgewalt, das heißt, er schließt die Kerker auf, in denen Menschen gefangen sind durch ihre Sünde. Er öffnet die Tür zum Himmelreich. Und er verschließt die „Pforten der Hölle". Auch der Tod ist dann eingeschlossen.

O Heiland, reiß die Himmel auf. *GL* Nr. 105
Jesaja 22,22–23

5. O Oriens – O Aufgang

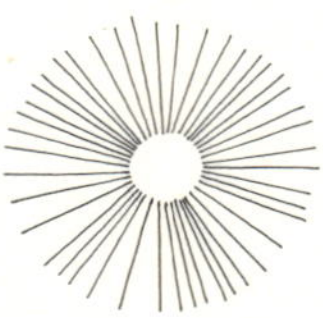

Christus ist die aufgehende Sonne. So ruft ihn die Kirche am Tag der Wintersonnenwende. Viele Völker beten die Sonne, die von Gott geschaffen ist, als Gott an. Auch die Römer beteten zum „Sol invictus", zur unbesiegten Sonne.

Dagegen sagten die Christen: Unsere unbesiegte Sonne ist Jesus Christus. Und sie legten das Weihnachtsfest in die Zeit der Wintersonnenwende. Das bedeutet: In Betlehem ist die Sonne des Heiles aufgegangen, und sie wird niemals mehr untergehen.

Christus, du Sonne unsres Heils. *GL* Nr. 675

6. O Rex gentium – O König der Völker

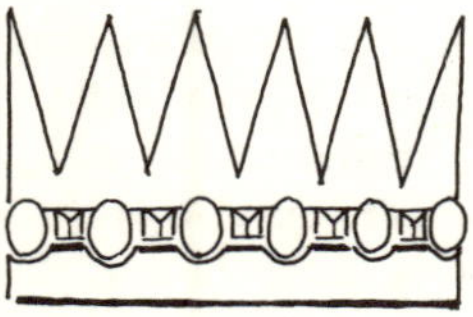

Messias und Christus bedeutet auch König. Schon im Alten Bund wurde verkündet, daß der Messias ein König über alle Völker sein wird. Jesus ist dieser König, der alle Völker regiert. Das sehen heute nur die Glaubenden. Wenn Jesus wiederkommt, werden es alle erkennen. Darum bekennen wir uns am letzten Sonntag im Kirchenjahr ganz ausdrücklich zu Christus dem König.

Gelobt seist du, Herr Jesus Christ. *GL* Nr. 560
Johannes 18,33–37

7. O Immanuel – O Gott mit uns

Gott ist nicht fern. Das sagte schon die Stimme aus dem Dornbusch: Ich bin der „Ich bin da". In Jesus ist Gott ganz da bei uns. Darum der Name „Gott mit uns".

Siehe, die Jungfrau. *GL* Nr. 119,7. Treuer Immanuel. *GL* Nr. 144,5
Jesaja 7,10–17; Mattäus 1,18–24

Die vier lebenden Wesen

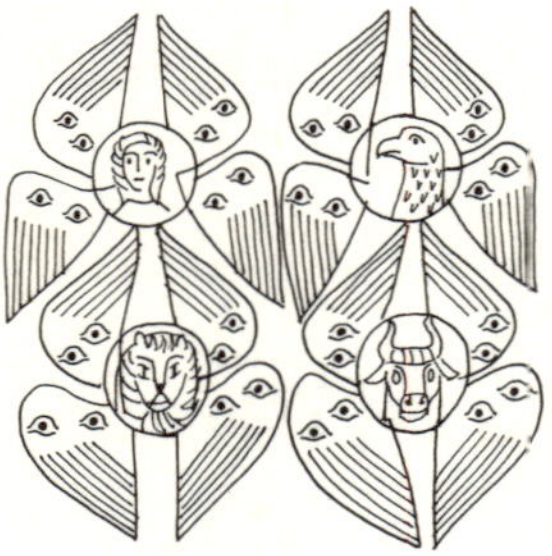

In der Offenbarung des Johannes werden vier Lebewesen geschildert, die rings um den Thron Gottes und den Thron des Lammes stehen. Sie sind gewaltige Engel mit Flügeln und voller Augen. Das eine gleicht einem Löwen, das andere einem Stier, das andere einem Menschen und das vierte einem Adler. Diese vier Wesen sind zugleich Sinnbilder für Jesus Christus. Der Löwe läßt uns an den „Löwen von Juda" denken, der König und Sieger ist. Der Stier bedeutet: Jesus Christus ist das Opfer für das Leben der Welt. Der Mensch bedeutet: Gott ist in Jesus Christus Mensch geworden. Der Adler bedeutet: Jesus ist als der Sohn Gottes vom Himmel herabgekommen. – Später hat man in den Lebewesen auch Symbole für das Evangelium gesehen, in dem sich Jesus offenbart. Es ist ja in vier Büchern geschrieben von Matthäus, Markus, Lukas und Johannes. So sind die vier lebenden Wesen oft mit den Namenszügen der vier Evangelisten dargestellt.

Offenbarung 4,1–11; 5,1–14

Alpha und Omega

Das Neue Testament ist in der griechischen Sprache geschrieben. Der erste Buchstabe dieser Sprache ist das Alpha, der letzte das Omega. (Bei uns A und Z.) Diese beiden Buchstaben sehen wir auf jeder Osterkerze, denn sie sind ein wichtiges Zeichen für Jesus. Es bedeutet: Jesus ist der Erste und der Letzte. Er war von

Anfang an, vor aller Zeit; und er ist das Ziel aller Zeiten. Er wird wiederkommen in Herrlichkeit.

Wie bin ich doch so herzlich froh. *GL* Nr. 554,7.
Offenbarung 1,4–18

Pantokrator – Allherrscher

Christus wird sehr oft in der „Mandorla" dargestellt: Ein mandelförmiger „Heiligenschein" hüllt die ganze Gestalt ein. Das ist in vielen Kulturen das Zeichen für die oberste Herrschaft und für die größte Herrlichkeit. Die Mandorla sagt uns: Christus ist der König der Welt gestern, heute und in Ewigkeit.

Christus, gestern, Christus heute, Christus in Ewigkeit. *GL* Nr. 563
Offenbarung 4,1–11

DER HEILIGE GEIST

Schon das Wort „Heiliger Geist" ist ein Zeichenwort. Ohne Zeichen könnten wir überhaupt nichts von ihm verstehen. Darum sind wir dankbar, daß wir vom Heiligen Geist so einprägsame Zeichen haben.

Taube

Als Jesus im Jordan getauft wurde, schwebte der Heilige Geist über ihm in Gestalt einer Taube. Die Taube ist das bekannteste Symbol für den Heiligen Geist. Wenn wir die Geschichte lesen, wie Johannes Jesus im Jordan taufte, dann fällt uns ein Wort aus dem ersten Kapitel der heiligen Schrift ein: „Der Geist Gottes schwebte über den Wassern.“ Darum nennen wir ihn auch den Schöpfer Geist. So steht es im Psalm 104: „Sendest du deinen Geist aus, so werden sie alle erschaffen, und du erneuerst das Antlitz der Erde.“ Jesus ist der Sohn Gottes, der das Antlitz der Erde erneuert hat. Darum schwebte am Jordan der Geist über ihm. – Darum breitet der Priester im Hochgebet vor dem Einsetzungsbericht beide Hände über Brot und Wein und ruft den Heiligen Geist auf die Gaben herab, damit sie Leib und Blut unsres Herrn Jesus Christus werden.

Komm, Schöpfer Geist, kehr bei uns ein. *GL* Nr. 245
Komm, Heilger Geist, der Leben schafft. *GL* Nr. 241
Lukas 3,21–22

Feuer

Jesus sagt: „Ich bin gekommen, Feuer auf die Erde zu werfen, und was will ich anders als daß es brennt?“ Am Pfingsttag kam der Heilige Geist in Feuerzungen auf die Jünger herab. Von da an waren sie wie verwandelt. – Feuer ist warm und hell. Es ist ein Sinnbild der Liebe. Darum beten auch wir: „Komm, Heiliger Geist, erfülle die Herzen deiner Gläubigen, und entzünde in ihnen das Feuer deiner Liebe.“

Komm, allgewaltig heilger Hauch. *GL* Nr. 242
Apostelgeschichte 2,1–13

Gottes Hauch – Sturmwind

„Vom Himmel kam ein Brausen, wie wenn ein heftiger Sturm daherfährt.“ So heißt es in der Pfingstgeschichte. Dieses Bild vom Heiligen Geist bedeutet zuerst, daß er eine große Kraft ist. Firmung heißt Stärkung; sie gibt uns Kraft zu einem Leben aus dem Glauben. Der Geist treibt uns an, Zeugen Jesu zu sein. – Die beiden Wörter Pneuma (griechisch) und Spiritus (lateinisch) bedeuten zugleich Wind, Hauch und Geist. Jesus sagt: „Der Wind

(Geist) weht, wo er will; du hörst sein Brausen, weißt aber nicht, woher er kommt und wohin er geht. So ist es mit jedem, der aus dem Geist geboren ist.“ Der Getaufte soll sich also wie die Apostel vom Geist treiben lassen.

Der Geist des Herrn erfüllt das All. *GL* Nr. 249
Johannes 3,1–13

Salbung

„Der Geist des Herrn ruht auf mir, denn er hat mich gesalbt.“ Das sagt der Prophet Jesaja vom Messias. Im Alten Bund hat man die Priester und Könige mit Öl gesalbt. Aus einem Horn wurde das Salböl über den Kopf gegossen. Messias heißt übersetzt: Der Gesalbte. Er wurde aber nicht von Menschen gesalbt, sondern vom Heiligen Geist. Auch Christus heißt „Der Gesalbte“. Wir werden durch die Sakramente dem Christus ähnlich. Wir sind auch Gesalbte und nennen uns deswegen Christen. Von uns heißt es: „Du hast sie für unsern Gott zu Königen und Priestern gemacht.“

Offenbarung 5,9–12

Die sieben Gaben

Bei der Firmung breitet der Spender zuerst seine Hände über alle aus, die das Sakrament empfangen sollen, und ruft in einem feierlichen Gebet die sieben Gaben des Heiligen Geistes auf sie herab, den Geist der Weisheit und der Einsicht, des Rates, der Erkenntnis und der Stärke, den Geist der Frömmigkeit und der Gottesfurcht. Der Prophet Jesaja verkündet, daß diese Gaben auf der Wurzel Jesse ruhen. Gemeint ist mit der Siebenzahl die ganze Fülle des Heiligen Geistes. Schon die Juden haben die Fülle des Heiles im siebenarmigen Leuchter dargestellt. Auch wir empfangen diese Fülle. Die Verschiedenheit der Gaben weist aber auch darauf hin, daß der Heilige Geist ganz verschieden wirkt. Das kann man an den Heiligen ablesen, die sich ja alle vom Geist Gottes antreiben ließen.

Komm herab, o Heilger Geist. *GL* Nr. 244
1. Korintherbrief 12,1–11

Finger der rechten Hand Gottes

Das ist eine eigenartige Bezeichnung für den Heiligen Geist. Zunächst: Was bedeutet „rechte Hand"? Es gibt den Ausdruck: Er ist meine rechte Hand. So nennen schon die Kirchenväter Jesus Christus die „Rechte Hand Gottes". Im Osterpsalm singen wir: „Die Rechte des Herrn wirkt mit Macht." – Der Heilige Geist wird als der „Zeigefinger der rechten Hand Gottes" bezeichnet. Wir singen: „O Finger Gottes der uns führt." Ein Zeigefinger zeigt. So zeigt uns der Heilige Geist den richtigen Weg. – Wer den Finger eines anderen ergreift und sich führen läßt, der wehrt sich nicht gegen das Geführtwerden, im Gegenteil: Er will sich führen lassen. Das ist ein wichtiger Vergleich. Gott zwingt uns seine Führung nicht auf. Aber wenn wir uns führen lassen wollen, dann können wir seinen Finger ergreifen. Der Geist Gottes führt uns sanft aber sicher.

Komm, Schöpfer Geist, kehr bei uns ein. *GL* Nr. 245
1. Buch der Könige 19,10–13

Beistand

Dieser Titel für den Heiligen Geist stammt von Jesus selbst. Er hat versprochen, daß der Heilige Geist uns hilft, wenn wir alleine nicht den Mut haben. Er hilft den Christen, die Angst zu überwinden, wenn sie ihren Glauben bekennen sollen. So hat er den Märtyrern geholfen, sogar den Tod zu erleiden. – Paulus sagt, wenn wir nicht wissen wie wir beten sollen, dann hilft uns der Heilige Geist. Und die Lehrer des Betens sagen uns, wir sollten vor allem die Psalmen beten, weil sie zum Wort Gottes gehören, das mit dem Beistand des Heiligen Geistes aufgeschrieben wurde. – Vor allem wenn wir merken, daß wir gleichgültig werden, sollten wir den Heiligen Geist als Beistand anrufen, daß er uns hilft.

Nun bitten wir den Heiligen Geist. *GL* Nr. 248
Johannes 14,15–21

Tröster

Wer traurig ist sucht Trost. Es gibt in der Welt viel Grund, traurig zu sein: Lieblosigkeit, innere und äußere Not, Krankheit, Einsamkeit, Tod eines geliebten Menschen ... Man kann gar nicht alles aufzählen. Aber der Heilige Geist kann uns trösten. Er tröstet uns durch die Wahrheit. Denn die Wahrheit Gottes ist eine gute Botschaft. Er tröstet uns durch die Verheißung, darum können wir Hoffnung haben. Hoffnung tröstet immer. Er tröstet uns durch die Liebe, die er selber ist. Er wohnt ja in unserem Herzen durch die Sakramente. Wer liebt, der kann nie ganz traurig sein. – Eines ist allerdings notwendig: Wir müssen uns trösten lassen wollen.

Komm, o Tröster, Heilger Geist. *GL* Nr. 250
Römerbrief 5,1–5

DIE KIRCHE

Die Kirche ist zwar sichtbar. Aber vieles von ihrer Wirklichkeit kann man nicht sehen. Da dies aber wichtig ist, brauchen wir Zeichen, die uns darauf hinweisen, was die Kirche ist.

Arche Noach

Die Arche war das Schiff des Noach. Wer in der Arche war, der wurde gerettet. Es gab keine andere Rettung. Die Kirche hat eine ähnliche Funktion. Wer in ihr ist, wird gerettet. Darum ist es wichtig, zur Kirche zu gehören. Damit ist natürlich nicht nur die äußere Zugehörigkeit gemeint. Nur, wer auch mit dem Herzen zur Kirche gehört, kann wirklich gerettet werden. Hier müssen wir das Bild von der Arche ergänzen. Die Kirche ist eine Arche der Herzen. Und es gilt das Wort: Es gibt viele, die drinnen sind und doch draußen, und viele, die draußen sind und doch drinnen. Darüber lohnt es sich nachzudenken.

Gott ruft sein Volk zusammen. *GL* Nr. 640

Orante

Eine Frau, die betend die Hände ausbreitet. So wird die Kirche oft dargestellt. Wenn der Priester am Altar betet, hat er die gleiche Haltung. Denn die Kirche ist eine Gemeinschaft, die betet. Sie tut es öffentlich. Jeder kann es sehen und hören. Damit zeigt sie am deutlichsten, daß sie mit Gott verbunden ist. Sie dankt, bittet, bekennt und lobt. Es gibt keinen Augenblick durch die Tage, Jahre und Jahrhunderte, in dem nicht irgendwo auf der Erde die Glieder der Kirche beten. Das wird am deutlichsten im Stundengebet. Wenn wir zum Beispiel in der Gemeinde eine Vesper singen, dann sind wir mitten in dem breiten Strom der betenden Kirche. – Wenn die Kirche ihre Hände ausbreitet zum Gebet, dann tut sie das nicht nur für sich. Die ausgebreiteten Hände sagen: Das Gebet umfaßt alle Menschen. Wir stehen als Kirche für alle vor Gott.

Nun jauchzt dem Herren, alle Welt. *GL* Nr. 474
Viertes Hochgebet. *GL* Nr. 359

Die Frau

Der Engel sagt in der Offenbarung des Johannes: „Komm, ich will dir die Braut zeigen, die Frau des Lammes." Und er zeigt dann die Kirche in der Gestalt der Stadt Jerusalem. Was soll das bedeuten? Schon im Alten Testament nennt Gott sein Volk seine Ehefrau. Er meint damit, daß er sein Volk liebt und daß sein Volk auch ihn lieben soll, und zwar ganz innig. Das ist im Neuen Testament noch viel bedeutsamer. Die Kirche ist die Partnerin des Christus (Frau des Lammes). Er liebt sie und sie soll ihn lieben. Und mit ihm zusammen soll sie das Heil für die Welt wirken. Für beides, für die Liebe und für die Mitwirkung ist Maria das Vorbild. Darum wird die Kirche beschrieben als eine Frau mit der Sonne bekleidet, den Mond unter den Füßen und ein Kranz von zwölf Sternen auf ihrem Haupt. – Gleichzeitig nennen wir die Kirche auch Braut, weil wir noch auf das ewige Hochzeitsmahl warten. Alles was die Kirche tut, ist zugleich eine Vorbereitung auf die „Hochzeit des Lammes".

Amen, Halleluja. *GL* Nr. 686
Offenbarung 21,1–11

Der Leib Christi

Wieder ein ganz anderes Bild von der Kirche. Es hat ein wenig Ähnlichkeit mit dem Bild vom Weinstock. Beim Weinstock sind alle Reben ähnlich, jede soll Frucht bringen. Beim Leib sind die Teile verschieden. Das ist ein Bild dafür, daß es ganz verschiedene Aufgaben in der Kirche gibt. Aber alle sollen zusammenwirken, sie sollen eins sein, wie der Leib ein Ganzes ist. Christus ist das Haupt des Leibes der Kirche. Mit diesem Haupt sind alle verbunden. Und vom Haupt geht alles aus, was die Kirche tut.

In göttlichem Erbarmen liebt Christus alle gleich. *GL* Nr. 640, 2
1. Korintherbrief 12, 12–27

Die Mutter

Die Kirche ist als Frau und Braut des Lammes zugleich auch die Mutter aller Kinder Gottes. In der Taufe hat sie uns zum neuen Leben geboren. Und wie eine Mutter kümmert sie sich um uns. Sie erzieht uns dazu, auch als Christen zu leben; sie erzählt uns die Geschichte von Jesus, sie schenkt uns die Gaben Gottes in den Sakramenten; sie tröstet uns durch ihre Hoffnung; sie mahnt uns, gut zu sein.

Eine große Stadt ersteht. *GL* Nr. 642

Das Schifflein Petri

Schifflein sagen wir nicht wegen der Kirche, sondern wegen Petrus. Petrus war ein armer Fischer und hatte nur ein kleines Boot. Weil Petrus der erste „Steuermann“ der Kirche war, nennen wir die Kirche sein Schiff. Die Welt ist ein Meer. Über dieses Meer fährt das Schiff der Kirche. Ihr Ziel ist der „Hafen der Ewigkeit". Es gibt schönes Wetter und guten Wind, es gibt aber auch Gegenwind und Sturm. Wir alle sind auf diesem Schiff. Und wir alle sollen helfen, daß das Schiff „auf Kurs" bleibt.

Markus 4,35–41

Haus Gottes

Wir nennen unsere Gotteshäuser Kirche, weil diese Bauten ein Bild für die Kirche sind. Die eigentliche Kirche ist natürlich kein Haus aus Stein. Ein Kirchenbau ist aus vielen Steinen errichtet. So besteht die Kirche aus vielen Menschen. Paulus sagt, daß wir ein Haus sind, das aus lebendigen Steinen errichtet ist. – Ein Kirchenbau ist für Gott gebaut. So ist die Kirche für Gott da. Das Wort Kirche geht auf das griechische kyriaké zurück. Das heißt: „die dem Herrn gehört". – Als Haus Gottes ist die Kirche die Heimat für die Kinder Gottes.

Ein Haus voll Glorie schauet. *GL* Nr. 639
Psalm 84. *GL* Nr. 649

Quelle des Lebens – Brunnen des Lebens

„All meine Quellen entspringen in dir." Das singt der Psalm 86 von Jerusalem. Das ist auch ein Bild von der Kirche. Wie aus einer Quelle Wasser kommt, so entspringt das Leben aus der Kirche. Wir nennen sie das Grundsakrament. Ein Sakrament ist ein Zeichen der Ähnlichkeit mit Christus, aber ein Zeichen, das diese Ähnlichkeit bewirkt und enthält. Darum sind die Sakramente Zeichen von ganz anderer Art als alle andern Zeichen und Symbole. Zeichen zeigen auf etwas anderes hin. Sakramente sind Zeichen die auf das hinweisen, was sie selbst enthalten. So ist die Kirche ein

Zeichen des Lebens, das in ihr selbst lebendig ist, weil Christus es ihr am Kreuz geschenkt hat. Es gibt Bilder, da steht die Kirche unter dem Kreuz und hält einen Kelch. In diesen fließen aus der Seitenwunde Jesu Wasser und Blut. Von diesem Strom der Gnade lebt die Kirche. Sie gibt ihn weiter an die Menschen, am sichtbarsten und wirksamsten durch die sieben Sakramente. Darum wird die Kirche dargestellt als ein Brunnen oder eine Quelle.

Freude an der Kirche. *GL* Nr. 774.5

LEBEN AUS DEM GLAUBEN

Man könnte statt Leben aus dem Glauben auch sagen: Leben als Kirche. Dieses Leben ist ein Geschenk Gottes, das uns die Kirche in den Sakramenten vermittelt. An uns Christen sollte man das ablesen können, an unserm Leben aus dem Glauben.

Der Hirsch

Alle Menschen haben Sehnsucht nach Glück. Ein Bild für diesen Durst nach Glück ist der Hirsch: „Wie der Hirsch lechzt nach frischem Wasser, so lechzt meine Seele, Gott, nach dir.“ So beginnt der 42. Psalm. Hier wird zugleich gesagt, daß die Sehnsucht nach Glück eigentlich die Sehnsucht nach Gott ist, ob ein Mensch das weiß oder nicht. Jesus sagt: „Wer Durst hat, der komme zu mir und trinke.“ – So ist die Darstellung des durstigen Hirsches ein Bild der Einladung zu den Sakramenten, vor allem zur Taufe. Von Anfang an wurde es auf die Taufschüler (Katechumenen) angewendet. Sie verlangen ja nach dem Wasser der Taufe. – Aber wir können das Bild auch auf uns Getaufte anwenden.

Der Hirsch ist ein Sinnbild für alle, die gerne in den Gottesdienst gehen. Am Ende des genannten Psalms steht der Satz: „So will ich zum Altar Gottes treten, zum Gott meiner Freude.“

Psalm 42/43. *GL* Nr. 726
Psalm 63. *GL* Nr. 676

Katechumenen-Öl

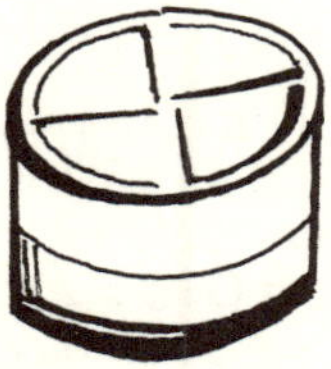

In der heiligen Woche weiht jeder Bischof für seine Diözese die heiligen Öle. Sie haben als Zeichen verschiedene Bedeutung. Eines dieser Salböle hat den Namen Katechumenen-Öl. Es ist für die Salbung der Taufschüler gedacht, die sich auf die Taufe vorbereiten. In dieser Zeit wird ihnen die Wahrheit und die Schönheit des Glaubens gezeigt. Die Kirche betet für sie um die Kraft zum Glauben und um den Schutz vor dem Bösen. Für beides ist das Öl ein Zeichen. „Es stärke euch die Kraft Christi, des Erlösers“, wird bei der Salbung gesagt. – Die Ringkämpfer der alten Zeit rieben ihren Körper mit Öl ein, damit die Hand ihres Gegners beim Zupacken abrutschte. So soll der böse Feind abrutschen, wenn er den Taufschüler packen will, um ihn von seinem Vorsatz, sich taufen zu lassen, abzubringen.

Die Taufe mit Wasser

Eigentlich eine einfache Handlung: Einem Menschen wird Wasser über den Kopf gegossen und dazu das Wort: „Ich taufe dich …“ gesprochen. Aber es geschieht etwas ganz Großes: Ein Mensch erhält ein neues Leben, das Leben Gottes durch Christus aus der Hand der Kirche. – Wasser ist zugleich ein Zeichen des Todes und des Lebens. Im Wasser geht Leben unter, aber ohne Wasser gibt es kein Leben. So sind wir in der Taufe mit Christus gestorben und zugleich auferweckt. Deshalb wird die Taufe mancherorts noch so gespendet, daß der Mensch ganz untergetaucht wird und dann aus dem Wasser heraussteigt.

Ich bin getauft und Gott geweiht. *GL* Nr. 635
Erneuerung der Taufe. *GL* Nr. 774, 4

Das Taufkleid

In der Taufe geschieht so Großes, daß wir bei der Tauffeier außer dem sakramentalen Zeichen, dem Wasser, noch andere Zeichen verwenden. Dem Getauften wird ein neues Kleid angezogen, das weiße Gewand der Kinder Gottes. Jesus nennt es in einem Gleichnis das hochzeitliche Gewand. Damit ist etwas gemeint, was im Menschen passiert. Paulus schreibt einmal: „Zieht den neuen Menschen an, der nach Gott geschaffen ist". Das ist gemeint.

Offenbarung 16, 15

Die Taufkerze

Brennende Kerzen finden wir überall. Daß aber bei der Taufe eine neue Kerze angezündet wird, hat eine tiefe Bedeutung. Wieder wurde in einem Menschen Neues entzündet. Die Flamme soll ein ganzes Leben lang brennen und niemals ausgelöscht werden. Die lebendige Flamme nährt sich vom Wachs der Kerze. Das ist ein Zeichen für die Liebe. So wie Jesus uns geliebt hat, so sollen auch wir ihn und die Mitmenschen lieben. Das macht die Erde hell. Jesus sagt: „Ich bin das Licht der Welt" (Osterkerze); er sagt aber auch: „Ihr seid das Licht der Welt" (Taufkerze).

Fisch

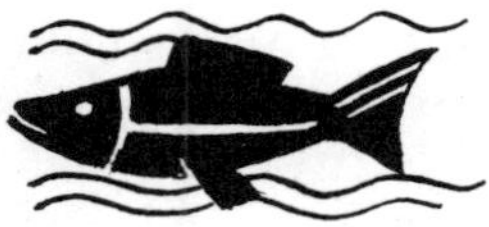

Der Fisch ist das Tier des Wassers. Er kann nur im Wasser leben. Darum wurde er sehr früh ein Bild für den Getauften. Das Zeichen der Taufe ist das Wasser. Es ist das Zeichen für das neue Leben. In dieses neue Leben sind wir sozusagen eingehüllt. Es ist das Leben Gottes. In ihm leben wir, bewegen wir uns und sind wir. – Zugleich ist der Fisch eine Art Geheimzeichen in der frühen Kirche gewesen. Denn das griechische Wort für Fisch ist ein sogenanntes Akrostichon, das heißt ein Wort, das aus Anfangsbuchstaben anderer Wörter zusammengesetzt ist, Griechisch heißt Fisch Ichthys. Das sind die Anfangsbuchstaben von „Jesus Christus, Gottes Sohn, Erlöser".

Weihwasser

Daß wir im Bewußtsein der Taufe leben, ist wichtig. Denn allzuviele vergessen es, weil man die Wirkung der Taufe nicht spürt. Wer als Kind getauft ist, kann sich an die Taufe selbst nicht erinnern. Er weiß es aber. Und jeder Gottesdienst macht es ihm deutlich. Trotzdem ist es gut, daß wir das „Weihwasser" haben. Es wird gesegnet, damit es eine Erinnerung an die Taufe ist. Wenn wir die Hand hineintauchen und es an unsre Stirn führen, machen wir ein Kreuzzeichen und sagen: „Im Namen des Vaters und des Sohnes und des Heiligen Geistes." So wurden wir auch getauft. – Manchmal beginnt die Eucharistiefeier mit einem Taufgedächtnis. Dann geht der Priester durch die Reihen und besprengt alle mit Weihwasser. – Auch zuhause sollte man Weihwasser haben.

Laßt uns loben, Brüder, loben. *GL* Nr. 637
Dank für die Taufe. *GL* Nr. 51,1

Die Firmung – Salbung mit Chrisam

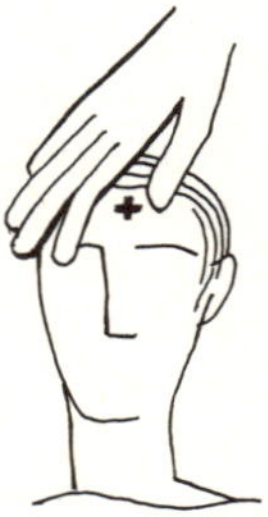

Schon bei der Taufe wird der Mensch mit Chrisam gesalbt, und zwar auf dem Scheitel des Kopfes. Von dem Wort Chrisam kommt das Wort Christus, das heißt: Der Gesalbte, der Priester, der König. Seit der Taufe nennen wir uns Christen, das heißt Gesalbte wie Jesus. Zum Zeichen dafür wird der Neugetaufte mit Chrisam gesalbt. – Aber erst bei der Firmung wird das Chrisam-Öl zum sakramentalen Zeichen. Die Firmung ist die Vollendung der Taufe. Was bei der Taufe ein Hinweiszeichen war, ist bei der Firmung das Zeichen, das das Heil bewirkt. Der Spender legt dem Firmling die Hand auf den Kopf und macht ihm mit dem Chrisam ein Kreuz auf die Stirn. Damit wird der Heilige Geist in seiner Fülle geschenkt. In der Kraft des Heiligen Geistes soll der Gefirmte ein Zeuge Christi sein, der sich offen bekennt. Deswegen die Salbung auf die Stirn. Man nennt die Firmung auch Besiegelung. Wichtige Dokumente werden durch ein Siegel für immer gültig gemacht. So wird bei der Firmung das Kreuz als ein Siegel für immer tief in den Menschen eingeprägt. Das ist eine große Berufung.

Der Geist des Herrn erfüllt das All. *GL* Nr. 249
Gebet zur Firmerneuerung. *GL* Nr. 52, 5

Brot und Fisch

Die „wunderbare Brotvermehrung" wird von der Bibel als Zeichen bezeichnet. Es geht also nicht darum, daß viele tausend Leute satt wurden. Wenn wir den Fisch mit den Broten sehen, dann ist das kein Zeichen dafür, daß Jesus auch heute noch alle Leute satt macht. Das tut er ja auch gar nicht. Fisch und Brot sind ein

Zeichen für die Eucharistie. Jesus gibt uns Speise vom Himmel. Und davon kann jeder bekommen, der getauft ist, durch alle Zeiten, an jedem Tag. – Jesus sagte damals zu den Leuten: „Ihr sucht mich nicht, weil ihr Zeichen gesehen habt, sondern weil ihr satt geworden seid. Müht euch nicht ab für die Speise, die verdirbt, sondern für die Speise, die für das ewige Leben bleibt und die der Menschensohn euch geben wird."

Johannes 6

Trauben und Ähren

Die heiligsten Zeichen, die wir Christen haben, sind Brot und Wein. Eine normale Speise, normales Getränk, Jesus hat sie ausgewählt, um bei uns zu bleiben bis an das Ende der Welt. Beim letzten Abendmahl hat er Brot und Wein genommen und sie seinen Jüngern gegeben als sein Fleisch und sein Blut, das für uns hingegeben ist. Wenn wir Ähren sehen und Weintrauben, dann denken wir schon an das Mahl, das Jesus uns bereitet hat. Denn aus den Körnern des Getreides machen wir Brot, aus den Trauben machen wir Wein. Das bringen wir dann zum Altar. – Und Brot und Wein sind zugleich ein Zeichen für uns selbst. Aus dem, was wir sind (Körner) können wir etwas machen (Brot), das brauchbar ist: einen Christen, der diesen Namen verdient. Gott hilft uns dazu durch den Heiligen Geist. So sollen wir selbst zu einer Gabe werden, die Gott wohlgefällt.

O Gott, nimm an die Gaben. *GL* Nr. 468
Gebet der Urkirche. *GL* Nr. 373, 5

Wein und Wasser

Bei der Gabenbereitung wird dem Wein für die Eucharistiefeier ein wenig Wasser beigemischt. Das hat eine tiefe Bedeutung. Wie Wein und Wasser sich untrennbar verbinden, so ist in Christus Gottheit und Menschheit verbunden; so werden wir aber auch mit Christus verbunden.

Was uns die Erde Gutes spendet. *GL* Nr. 490
Gebete *GL* Nr. 359, 3

Die Feier der Eucharistie

Wenn wir zusammenkommen zum Gottesdienst und der Priester nimmt Brot und Wein in seine Hand und spricht darüber die Worte der Einsetzung, dann ist dies das Größte, was wir als Kirche tun können. Es ist das Zeichen für das „Geheimnis des Glaubens", ein Zeichen, in dem dieses Geheimnis des Glaubens enthalten ist. Wir brauchen ein ganzes Kirchenjahr, ja ein ganzes Leben reicht nicht aus, um auseinanderzufalten, was in diesem Geheimnis alles enthalten ist: Christus, der Erlöser, eins mit dem Vater im Heiligen Geist, und eins mit seiner Kirche. Die Einheit mit der Kirche ist die Frucht seiner Hingabe. So endet das Hochgebet: Durch ihn und mit ihm und in ihm ist dir Gott, allmächtiger Vater, in der Einheit des Heiligen Geistes alle Herrlichkeit und Ehre jetzt und in Ewigkeit. Amen.

Beim letzten Abendmahle. *GL* Nr. 537

Brotbrechen

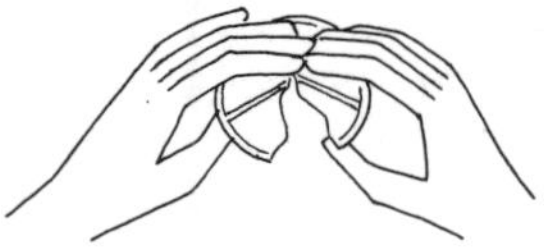

Das Brot der Eucharistie wird geteilt. „Wir essen alle von einem Brot; so sind wir vielen ein Leib." Das schreibt Paulus. Wir nennen das Essen des eucharistischen Brotes Kommunion, das heißt Gemeinschaft. Gemeint ist die Gemeinschaft mit Jesus. Und es ist die Gemeinschaft gemeint, in die wir durch Jesus miteinander kommen. Darum ist das Brechen des Brotes ein wichtiges Zeichen.

Dank sei dir, Vater. *GL* Nr. 634
Lukas 24,13–35

Hahn

Wenn man fragt: „Wer ist der höchste in der Kirche?" dann geben Kinder manchmal zur Antwort: „Der Hahn." Denn auf vielen Kirchturmspitzen sitzt ein Hahn. Er zeigt die Windrichtung an. Aber dafür könnte man auch eine Wetterfahne benutzen. Der Hahn soll uns an Petrus erinnern, der Jesus verleugnet hat, obwohl er ihn geliebt hat. Der Hahn will uns zum Nachdenken bringen. Wir sollen wieder zu Jesus zurückkehren, wenn wir ihm untreu geworden sind. – Auf alten Bauernhöfen weckt der Hahn am Morgen Menschen und Tiere. So ruft der Hahn als Sinnbild die Christen zur Wachsamkeit auf.

Wachet auf, ruft uns die Stimme. *GL* Nr. 110
Markus 14,66–72

Die Lossprechung – das Bußsakrament

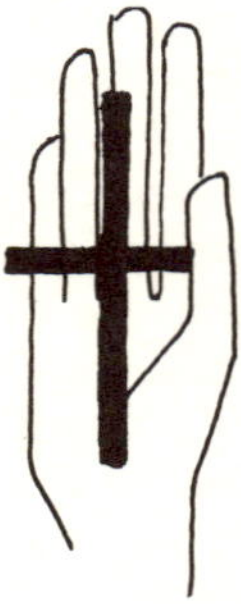

Der Priester hält die segnende Hand über einen Menschen und sagt: „So spreche ich dich los von deinen Sünden.“ Und das geschieht tatsächlich, weil Christus dazu die Vollmacht gegeben hat. Das Sakrament der Buße ist für die Getauften da. Eigentlich sollte ein Getaufter nichts Böses mehr tun. Aber der Mensch ist schwach, der Christ ist schwach. Darum hat Jesus am Ostertag seinen Jüngern die Vollmacht gegeben, Sünden zu vergeben. Das Zeichen des Bußsakramentes sieht aus wie ein Gericht. Da ist ein Ankläger. Aber seltsam: Der Angeklagte ist mit dem Ankläger identisch. Da sitzt einer wie ein Richter. Er ist ein Stellvertreter des Richters aller Menschen. Und wie ist sein Urteil? Kein Freispruch wegen Unschuld; aber auch keine Verurteilung; sondern eine Lossprechung. Wenn man es recht bedenkt ist das wirklich ein österlicher Vorgang. Und es ist ein pfingstlicher Vorgang: Hier wirkt der Heilige Geist in der Kirche.

Psalm 32. *GL* Nr. 721
Johannes 20, 19–23

Das Sakrament der Weihe

Jesus hat aus seinen Jüngern zwölf besonders ausgewählt, die Apostel. Sie bekamen einen besonderen Auftrag. Diesen Auftrag haben sie an andere weitergegeben, weil überall Menschen notwendig sind, die die Gemeinden im Auftrag Christi leiten. Diese Weitergabe des Amtes ist das Sakrament der Weihe. Es gibt drei Stufen dieses Sakramentes: Die Bischofsweihe, die Priesterweihe, die Diakonenweihe. Das Sakrament wird heute noch so gespendet wie es von Anfang an war: Der

Bischof legt dem Weihekandidaten die Hände auf. – Am ersten Donnerstag jeden Monats beten wir, daß viele junge Männer dem Ruf Christi folgen und ihren Bischof um die Handauflegung bitten.

Das Weihesakrament. *GL* Nr. 71

Das Sakrament der Ehe

„Darum verläßt der Mann Vater und Mutter und bindet sich an seine Frau, und sie werden ein Fleisch.“ Ehe und Familie sind die Grundform, in der Menschen miteinander leben. Zwei Menschen finden sich und binden sich für ein ganzes Leben aneinander. Die Bindung geschieht öffentlich in der Eheschließung. So ist das bei allen Völkern. Für uns ist die Ehe nicht nur eine Gemeinschaft, die sich aus der Schöpfungsordnung ergibt. Sie ist auch ein Sakrament der Kirche. Das heißt, wenn zwei Menschen heiraten, werden sie durch Christus als Gemeinschaft des Heiles aneinander gebunden. Das soll sich auch im Leben zeigen. Was die Kirche ist, das soll sich im Kleinen in der Ehe und Familie zeigen. Zugleich ist die Ehe ein Zeichen für die innige Verbundenheit zwischen Christus und seiner Kirche.

Gott, der nach seinem Bilde. *GL* Nr. 74
Epheser 5,21–32

Ringe

Der Ring ist ein rundes Band. Darum ist er das Zeichen für eine Bindung. Die innigste Bindung, die ein Mensch eingehen kann, ist die Ehe. Darum ist das Zeichen der Ehe der Ring. Bei der Trauung sagen die

Eheleute zueinander: „Trag diesen Ring als Zeichen deiner Treue!“ Weil der Kreis eine Linie ohne Ende ist, ist der Ring wegen seiner Kreisform das Zeichen für die unverbrüchliche Treue.

Die Krankensalbung

Unser Leben ist bedroht. Wir alle müssen einmal sterben. Diese Bedrohung zeigt sich am deutlichsten in der Krankheit. Man hat nicht nur Schmerzen, man leidet auch innerlich. Von Jesus heißt es: Er nahm unsere Krankheiten auf sich. Er ist der Bruder der Kranken. Der Kranke weiß, daß die Ähnlichkeit des Christen mit Christus auch in der Krankheit deutlich wird. Das Sakrament der Krankensalbung ist ein Zeichen für diese Ähnlichkeit. Es stärkt die Verbindung des Kranken mit Christus, der die Kranken besonders liebt. Mit Christus kann der Kranke durch sein Leiden dem Heil der Welt dienen.

Der Christ in der Krankheit. *GL* Nr. 75

Ochs und Esel

Ochs und Esel stehen bei der Krippe, aber nicht, weil sie damals wirklich dabei waren. Die beiden Tiere sind ein Symbol. Sie sollen uns ein Beispiel geben. Was sie sagen, lesen wir im zweiten Satz des Buches Jesaja: „Der Ochse kennt seinen Besitzer und der Esel die Krippe seines Herrn; Israel aber hat keine Erkenntnis, mein Volk hat keine Einsicht.“ Ochs und Esel sagen uns also: Du Christ, sollst wissen, wo du hingehörst, nämlich zu Jesus. – Beide Tiere sind auch ein Symbol für Jesus selbst. Der Esel ist das Tier der Demut. Er bedeutet: Das Kind in der Krippe ist der Sohn Gottes, der sich selbst erniedrigt hat. Der Ochs bzw. der Stier ist das Opfertier des Alten Bundes. Er bedeutet: Das Kind wird am Kreuz als Opfer für die ganze Welt sterben.

Jesus Christus ist der Herr. *GL* Nr. 174
Jesaja 1,2–4

Tugenden. Die Zeichen unter der Überschrift „Leben aus dem Glauben" sind bisher mit den Sakramenten verbunden gewesen. Aber um aus der Gnade der Sakramente leben zu können, braucht man Tugenden. Tugend kommt von taugen. Es ist ein Wort, das uns heute fast fremd geworden ist. Und doch gilt immer noch: durch Tugend taugt man etwas. Die christlichen Tugenden machen tauglich zum Christsein, machen fähig, die Mahnung von Ochs und Esel nicht zu überhören. – Es gibt sieben Grundtugenden, und zwar die drei „Göttlichen Tugenden": Glaube, Hoffnung und Liebe; und die vier „Kardinaltugenden" (von kardo, die Türangel; von den Kardinaltugenden hängt jede andere Tauglichkeit ab): Klugheit, Gerechtigkeit, Tapferkeit, Zucht und Maß.

Glaube

Gott schenkt uns den Glauben. Er offenbart uns die Wahrheit, die wir sonst nicht wissen können. Der Heilige Geist hilft uns, diese Wahrheit anzunehmen. Das Zeichen des Glaubens ist das Kreuz, weil Jesus der glaubwürdigste Zeuge der Wahrheit Gottes ist. Glaube ist aber nicht nur die Überzeugung, daß etwas wahr ist. Darum sagen wir: „Ich glaube an Gott". Und wir meinen damit nicht nur: Ich bin überzeugt, daß es einen Gott gibt. Wir meinen auch: Ich vertraue mich Gott an. Ich nenne ihn Vater.

Glaubensbekenntnis. *GL* Nr. 479

Hoffnung

Das Zeichen der Hoffnung ist der Anker. Das ist fast allen Menschen bekannt. Gott schenkt uns eine Hoffnung, die nicht enttäuscht wird. Er hat uns versprochen, uns zu retten, und er wird sein Wort halten. Auch wenn „alle Stricke reißen“, die uns an irdische Sicherheiten binden, das Vertrauen auf Gott wird nicht enttäuscht.

Wer unterm Schutz des Höchsten steht. *GL* Nr. 291
Römerbrief 5,1–5

Liebe

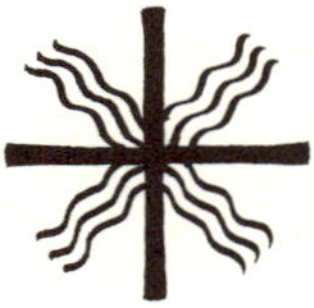

Für die göttliche Tugend der Liebe brauchen wir zwei Zeichen. Denn es gibt zwei Grundformen der Liebe: Die Liebe zu Gott und die Liebe zum Nächsten. Aber beide gehören ganz eng zusammen. Sie dürfen nicht getrennt werden. Von allen Tugenden ist die Liebe die wichtigste. Und deshalb ist auch die wichtigste Frage an uns: Liebe ich Gott? Liebe ich den Nächsten?

1. Korintherbrief 13

Klugheit

Die erste der Kardinaltugenden hat einen Namen, der uns verwundert. Aber mit Klugheit ist nicht Schlauheit gemeint. Die Tugend der Klugheit bedeutet: Benutze deinen Verstand dazu, gut zu sein. Gutsein ist das Vernünftigste für den Menschen. So ist also eine Schlauheit, die andere übervorteilt, keine Klugheit, sondern eine Torheit. Deswegen ist das Zeichen der christlichen Klugheit auch die brennende Lampe der „klugen Jungfrauen“.

Matthäus 25,1–13

Gerechtigkeit

Von Gerechtigkeit spricht jeder. Daß sie eine Grundtugend ist, bezweifelt kein Mensch. Nur was Gerechtigkeit ist, und wie man sie erreicht, darüber gibt es Streit. Wir Christen haben zum Glück das Vorbild Jesu. An ihm können wir uns ausrichten. Vor allem lehrt er uns, daß zur Gerechtigkeit die Liebe gehört.

Nahe wollt der Herr uns sein. *GL* Nr. 617

Tapferkeit

Zeichen der Tapferkeit sind Schild und Schwert. Beide werden auch in der Bibel verwendet. Aber die Tapferkeit eines Soldaten wird hier zum Bild für eine Tapferkeit ohne Waffen. Für den Christen heißt Tapferkeit: die Lebensangst überwinden. Wir sollen den Schwierigkeiten nicht ausweichen, denn wir haben, wie Paulus sagt, den „Schild des Glaubens“ und das „Schwert des Geistes“. Wir haben die „Waffenrüstung Gottes“. Mit ihr können wir dem Bösen widerstehen und uns für das Gute einsetzen. Die überzeugendsten Beispiele der Tapferkeit sind die Märtyrer.

Zieh an die Macht, du Arm des Herrn. *GL* Nr. 304
Epheserbrief 6,14–18

Zucht und Maß

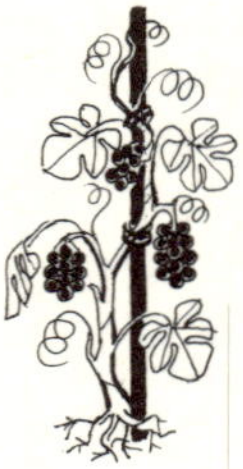

Ein Rebstock möchte wuchern, in alle möglichen Richtungen. Damit er aber gute Frucht bringen kann, wird er an einen Pflock gebunden und immer wieder geschnitten. Darum ist der Rebstock ein Bild für Zucht und Maß. Wer zum Beispiel maßlos ißt, der merkt bald, daß ihm das nicht gut tut. Das gilt für alle Bereiche des Lebens. Zucht und Maß brauchen wir nicht nur für uns selbst, um glücklich zu werden. Wir brauchen diese Tugend auch, weil es für andere gut ist, wenn wir sie haben. – Jesus sagt in seinem Gleichnis vom Weinstock: „Jede Rebe, die Frucht bringt, reinigt der Vater, damit sie mehr Frucht bringt.“ Darum sollten wir nicht traurig sein, wenn Gott uns „in Zucht nimmt“.

Hilf, Herr meines Lebens. *GL* Nr. 622

HEILIGES JAHR

Im folgenden Abschnitt sind Zeichen versammelt, die uns sehr vertraut sind. Das ist gut so. Denn im Kirchenjahr faltet sich das Geheimnis der Erlösung auseinander. Viele der Zeichen aus den vorhergehenden Abschnitten gehören auch zum Kirchenjahr.

Adventskranz

Die grünen Zweige sind ein Zeichen der Hoffnung. Immergrüne Tannenzweige bedeuten: Unsere Hoffnung welkt nicht. Die Kerzen symbolisieren die vier Adventswochen. Das wachsende Licht bedeutet: Die Freude nimmt zu.

Wir sagen euch an den lieben Advent. *GL* Nr. 115

Krippe und Stern

„Ihr werdet ein Kind finden, das in einer Krippe liegt.“ Dieses Erkennungszeichen gibt der Engel den Hirten mit. Die Krippe sagt uns: „Er ist auf Erden kommen arm, daß er unser sich erbarm.“ – „Wir haben seinen Stern im Morgenland gesehen.“ Das sagen die „Sterndeuter“. So wurde der Stern für uns zum zweiten Zeichen des Weihnachtsfestes. Oft haben es die Propheten gesagt: „Volk Gottes, über dir wird ein Licht aufgehen.“ Das Kind in der Krippe ist das Licht der Welt.

Ich steh an deiner Krippe hier. *GL* Nr. 141
Sieh, dein Licht will kommen. *GL* Nr. 147
Lukas 2, 1–20; Jesaja 60, 1–6

Kreide

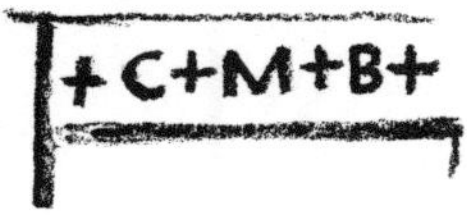

Am Dreikönigstag wird Kreide gesegnet. Die Sternsinger gehen von Haus zu Haus und schreiben an die Türen das folgende Zeichen: C + M + B, dazu die Jahreszahl. Die Buchstaben sind die Abkürzung für: Christus Mansionem Benedicat. Das heißt: Christus segne dieses Haus. Kann man sich einen schöneren Neujahrswunsch denken? Die Kreidezeichen weisen auch darauf hin, daß jede Familie eine Kirche im Kleinen ist, eine Ecclesiola. Das soll sich zeigen im Glauben der Bewohner, im gemeinsamen Gebet und dadurch, daß sie gut zueinander sind. – Die Buchstaben C M B sind übrigens der Grund für die Namen, die man später den Sterndeutern aus dem Morgenland gegeben hat: Caspar, Melchior, Balthasar.

Lobpreiset all zu dieser Zeit. *GL* Nr. 158
Lukas 10, 1–6

Johanniswein

Am Fest des heiligen Apostels und Evangelisten Johannes wird Wein gesegnet. Von Johannes wird erzählt, daß vergifteter Wein ihm nicht geschadet hat. Er blieb am Leben. So bedeutet das Trinken des Johannesweins: Das Gift des Bösen soll uns nicht schaden. – Wenn wir den Johanniswein trinken, sagen wir zueinander: „Trinke die Liebe des heiligen Johannes!“ Von Johannes wird erzählt, daß er im hohen Alter nur noch einen Satz zu den Menschen gesagt hat: „Kindlein, liebet einander.“ Die Liebe ist tatsächlich das beste Mittel gegen das Gift des Bösen. – Es ist ein schöner Brauch, daß der Wein zu einem Hochzeitsfest auf die gleiche Weise gesegnet wird. Das erinnert zugleich an die Hochzeit von Kana.

Hilf, Herr meines Lebens. *GL* Nr. 622
Johannes 2,1–12. 1. Johannesbrief, besonders 3,11–18

Aschenkreuz

Asche ist das, was übrig bleibt, wenn etwas verbrennt. Sie ist ein schmutziger Staub. Solche Asche wird einmal im Jahr gesegnet. Dann wird sie uns in der Form des Kreuzes auf die Stirn gezeichnet. Das hat drei Bedeutungen: Wenn der Mensch stirbt, dann zerfällt sein Leib zu Staub. Vom Staub der Erde sind wir genommen, zum Staub kehren wir zurück. Daran erinnert das Aschenkreuz. – Die Asche ist ein uraltes Zeichen der Buße und Reue. Noch heute sagt man: „In Sack und Asche.“ So bezeichnet das Aschenkreuz den Beginn der österlichen Bußzeit. – Die Asche erscheint als Kreuz auf unsrer Stirn. Das heißt: Im Kreuz ist der Tod überwunden. Aus der Asche kommt neues Leben. Im Kreuz ist die Buße angenommen: Gott vergibt.

Psalm 90: *GL* Nr. 736; Aus der Tiefe: *GL* Nr. 162
Das Buch Jona, besonders Kapitel 3

Hungertuch

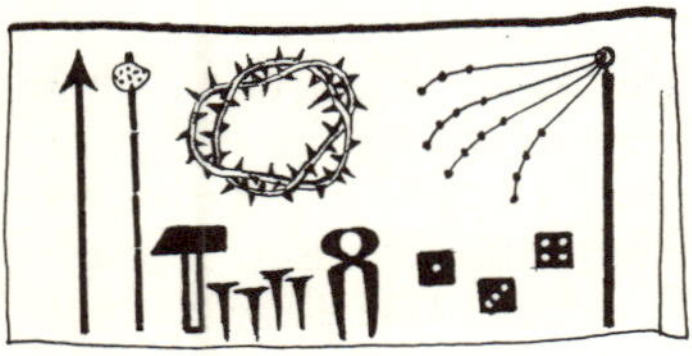

In der Fastenzeit wird in manchen Kirchen ein großes Tuch aufgehängt. Ursprünglich wurden damit die wertvollen Bilder verdeckt. So wie Mund und Ohr auf das Halleluja verzichten, so soll das Auge auf die kostbaren Bilder verzichten. Später hat man auf das Hungertuch Zeichen und Bilder gestickt, die auf die Fastenzeit und auf das Leiden Jesu hinweisen. Heute kann man Hungertücher drucken. Der Name Hungertuch weist auf das Fasten hin. - Bei gotischen und neugotischen „Flügelaltären" werden die Flügel in der Bußzeit zugeklappt. Das hat die gleiche Bedeutung wie das Hungertuch.

Bekehre uns, vergib die Sünde. *GL* Nr. 160.
(Aus dem Inhalt der einzelnen Strophen könnte man ein Hungertuch sticken.)

Leidenswerkzeuge

Auf Bildern und Hungertüchern findet man häufig die sogenannten Leidenswerkzeuge dargestellt. Sie sollen uns, ähnlich wie der Kreuzweg, zu längerem Betrachten des Leidens Jesu anregen. Die Anzahl der dargestellten Gegenstände ist auf den Bildern verschieden. Man findet: das abgeschlagene Ohr des Malchus, die Hand, die Jesus schlägt, den Mund, der ihn anspuckt, den Hahn von der Verleugnung des Petrus, die Geißelsäule, die Dornenkrone, in der Mitte das Kreuz, die Nägel, die Inschrift, die Leiter, den Stecken mit dem Schwamm, die Würfel der Soldaten, die Lanze des Soldaten.

Herzliebster Jesu. *GL* Nr. 180
Die Leidensgeschichte

Palmzweige

Am Palmsonntag werden grüne Zweige, meist vom immergrünen Buchs, gesegnet. Das erinnert an die Zweige, die die Leute von den Bäumen rissen, als Jesus in Jerusalem einzog. Wie diese huldigen die Christen auf diese Weise dem Messias und König Christus. – Von der Palmprozession nehmen wir die Zweige mit nach Hause und stecken sie an das Kreuz. Dort bleiben sie ein ganzes Jahr. Der Palmzweig am Kreuz bedeutet: Dieser ist der König, dem wir Hosanna zurufen. Und er bedeutet: Das Kreuz ist der Baum des Lebens.

Ruhm und Preis und Ehre sei dir. *GL* Nr. 197
Lukas 19,28–40

Die Osterkerze

Von Ostern bis Pfingsten steht dieses Zeichen des Auferstandenen im Chorraum der Kirche. In der Osternacht wird diese Kerze feierlich gesegnet und im Exsultet (Osterlob) besungen. Das brennende Licht ist das Zeichen des Lebens, der Auferstehung. Christus (Kreuz) ist der Herr von Anfang an (Alpha), auch heute (Jahreszahl) und in Ewigkeit (Omega). Die fünf Wachsnägel bedeuten die fünf Wunden.

O Licht der wunderbaren Nacht. *GL* Nr. 208
Aus seinen Wunden fließen her. *GL* Nr. 585,4

Fußeindrücke

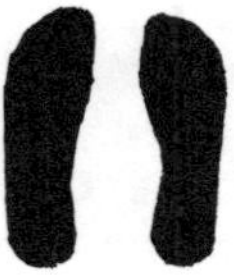

Jesus ist nach seiner Auferstehung zum Vater heimgekehrt und sitzt zur Rechten Gottes, bis er wiederkommt. Das wird an Christi Himmelfahrt gefeiert. Als Zeichen für diese Wirklichkeit werden zwei Fußeindrücke in der Erde gemalt. Das hat eine tiefe Bedeutung. Jesus ist zwar nicht mehr zu sehen. Aber er hat Spuren hinterlassen. Seine deutlichste Spur sind Menschen, die an ihn glauben, die ihren Glauben bezeugen. Auch an unserm Leben soll man die Spuren Jesu erkennen.

Laßt uns loben, Brüder loben. *GL* Nr. 637
Lukas 24,36–53

Pfingsten

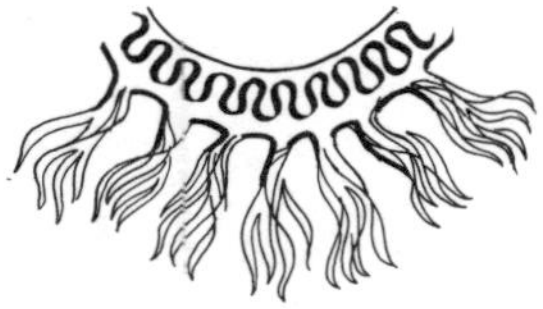

Der Pfingsttag wird auch „Geburtstag der Kirche genannt". Jesus sagte zu seinen Jüngern: „Ihr werdet in wenigen Tagen mit dem Heiligen Geist getauft werden." Das geschah am fünfzigsten Tag nach Ostern. Seitdem breitet sich die Kirche auf der ganzen Erde aus. Das Wirken des Heiligen Geistes dringt überallhin. – Siehe auch den Abschnitt „Der Heilige Geist".

Kräuter

Am Fest Mariä Himmelfahrt werden Kräuter (und Blumen) gesegnet. Kräuter sind nicht nur schön und duften. Sie sind eine große Hilfe für unsere Gesundheit. Die Heilige Hildegard hat ein ganzes Buch darüber geschrieben. Bis heute ist die geheimnisvolle Heilkraft der Kräuter nicht ganz erforscht. Wenn wir sie in die Kirche bringen und segnen, dann ist das zuerst ein Dank für die Heilkräfte der Natur. Dann ist es eine Bitte um Gesundheit. Und schließlich ist es ein Zeichen für unsern Glauben, daß Gott uns so heil macht, daß sogar der Tod uns nichts mehr anhaben kann. Maria, mit Leib und Seele in den Himmel aufgenommen, ist die schönste Blume der Erde.

Solang es Menschen gibt auf Erden. *GL* Nr. 300

Der Grabstein

Grabsteine sind wichtige Zeichen des Glaubens, vor allem für uns Christen. Der Grabstein ist nicht nur ein Gedenkstein, damit man einen Menschen nicht vergißt, der die Erde verlassen hat. Er ist auch ein Zeichen unsres Glaubens, daß die Verstorbenen bei Gott leben. Deswegen findet man immer wieder das Kreuz als Grabdenkmal; deswegen sind in viele Grabsteine Zeichen des Lebens und des Glaubens eingemeißelt.

Tod und Vollendung. *GL* Nr. 652–664
1. Korintherbrief 15

HEILIGER RAUM

Der Raum, in dem wir uns zum Gottesdienst versammeln, erzählt uns vieles über unsern Glauben.

Kirchenbau

Die Mauern einer Kirche umschließen einen Raum, der Gott geweiht ist. Der ganze Raum, den unsre Erde hat, gehört Gott. Aber er hat den Menschen die Erde anvertraut. Im Kirchenraum sparen wir ein Stück des Raumes der Erde aus, daß es ganz Gott gehört. Darum heißt die Kirche auch Gotteshaus. Kirchen werden also nicht nur gebaut, damit die Christen eine Gelegenheit haben, sich zu versammeln. – Der Kirchenraum ist für uns auch ein Zeichen dafür, daß wir Gott von allem, was wir haben, einen Teil geben: von unsrer Zeit, von unserm Geld, von unseren Gedanken, von unsrer Arbeit. Daß wir einen Teil geben, ist wiederum ein Zeichen dafür, daß Gott eigentlich alles gehört. Wir sind sein Eigentum. Darum soll unser Herz ihm gehören.

Der Altar

An der wichtigsten Stelle in der Kirche steht der Altar. Das ist ein Zeichen dafür, daß Christus in unsrer Mitte ist, und daß er der Herr der Kirche ist. Der Altar ist aus Stein, denn auf ihm wird das Opfer für die Erlösung der Welt gegenwärtig. Alle Opfer, die die Völker auf Opfersteinen dargebracht haben, sind nur ein schwaches Vorbild für das eine wahre Opfer. – Der Altar hat die Form eines Tisches. Das weist darauf hin, daß das Meßopfer die Form eines Mahles hat.

Kelch und Hostienschale

Diese beiden Gefäße werden aus besonders wertvollem Material gemacht, weil sie den Leib und das Blut Jesu aufnehmen. Zunächst enthalten sie unsere Gaben: Brot und Wein. Darum sind sie ein Zeichen für unsere Hingabe. Und dann sind sie ein Zeichen für unser Herz, das Jesus aufnimmt. Zu Maria sagen wir in der lauretanischen Litanei: „Du Kelch der Hingabe. Du kostbarer Kelch.“

Altartücher

Tücher gehören zu einer Festtafel. Das eucharistische Mahl ist immer ein Fest. Darum ist der Altartisch weiß gedeckt. Das weiße „Gewand“des Altares, der ja Christus bedeutet, erinnert uns zugleich an die Bedeutung des Taufkleides. Durch die Taufe werden wir Christus ähnlich.

Kerzen

Beim Gottesdienst dürfen brennende Kerzen nicht fehlen. Jesus sagt von sich: „Ich bin das Licht der Welt.“ Und er sagt zu uns: „Ihr seid das Licht der Welt.“ Die Osterkerze ist ein Zeichen für das erste Wort. Alle andern Kerzen weisen darauf hin, was wir sein sollen: Licht der Welt. Damit eine Kerze brennen kann, gibt sie Wachs her. Wenn wir Licht sein wollen, müssen wir etwas von uns hergeben. So ist die brennende Kerze ein Zeichen für die Liebe zu Gott und für die Liebe zum Nächsten. Gott hat uns das Licht gegeben (Taufkerze,

Kommunionkerze, Brautkerze); wir geben das Wachs. Kerzen beim Gottesdienst, das heißt: Menschen, die den Namen Christen verdienen, sollen am Gottesdienst teilnehmen.

Blumen

Blumen sind ein Zeichen für die Schönheit der Erde. Stumm loben sie Gott allein dadurch, daß sie da sind. Blumen gab es schon viele Millionen Jahre auf der Erde, bevor es Menschen gab. Erst wir Menschen können die Schönheit der Blumen erkennen. Wenn wir sie pflücken und in die Kirche stellen, dann bringen wir damit Gott die Schönheit der Erde dar. Wir loben ihn mit Blumen. Aber die Blumen sind auch ein Zeichen für uns. Denn Menschen sind noch schöner als Blumen. Sie gehören Gott, sie gehören in die Kirche, sie sollen Gott loben. – Am schönsten ist Jesus. Er ist die Blume, die uns Maria, der Rosenstock aus der Wurzel Jesse, gebracht hat.

Schönster Herr Jesu. *GL* Nr. 551
Es ist ein Ros entsprungen. *GL* Nr. 132

Weihrauch

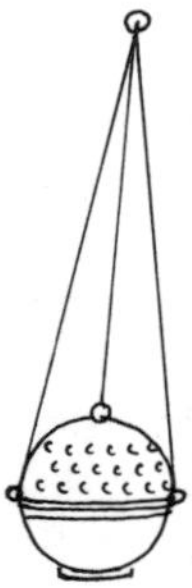

Aus dem Rauchfaß steigt Rauch empor, der einen Wohlgeruch verbreitet. Die Menschen, die das erfunden haben, stellten sich vor, daß Gott an diesem Wohlgeruch Gefallen findet. Wir Christen haben dieses Zeichen übernommen. Wenn wir den Altar, das Kreuz und den Leib und das Blut des Herrn bei der Wandlung und in der Monstranz beräuchern, dann sagen wir damit: Das ist der geliebte Sohn Gottes, der dem Vater wohlgefällt. Wenn der Priester und die Gläubigen beräuchert werden, dann sagen wir damit: Ihr sollt wie Christus Gott wohlgefallen. Wenn wir die Opfergaben beräuchern, dann bitten wir, daß sie als Zeichen unsrer Hingabe Gott gefallen. Wenn der Weihrauch aufsteigt, dann bedeutet das: So soll unser Gebet und unser Gesang aufsteigen zu Gott und ihm gefallen.

Offenbarung 8,1–4

Ambo und Kanzel

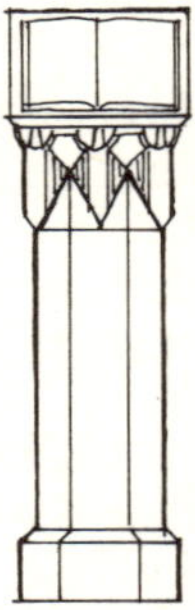

Mit dem Namen Ambo bezeichnen wir das Lesepult in der Kirche. Das ist ein besonders bedeutsamer Platz. Denn von dort wird das Wort Gottes verkündet. Wenn der Lektor, der Psalmensänger, der Diakon oder der Priester an den Ambo tritt, dann geschieht etwas besonders Wichtiges. Jesus kommt mit seinem Wort mitten in die Gemeinde. Darum ist der Ambo der Mittelpunkt des Wortgottesdienstes, so wie der Altar der Mittelpunkt der Eucharistiefeier ist. Manche Kirchen haben zwei Ambonen. (Ambo heißt ursprünglich sogar: Beide.) Dann ist der eine nur für die Lesung des Evangeliums da. – Auch die Predigt kann vom Ambo aus gehalten werden. Manche Kirchen haben für die Predigt von früher her noch eine Kanzel.

Liebster Jesu, wir sind hier. *GL* Nr. 520

Apostelleuchter

Im Kirchenschiff verteilt findet man zwölf Leuchter, auf denen an besonderen Tagen Kerzen brennen. Manchmal sind bei den Leuchtern hervorgehobene Steine oder Kreuzsymbole. Diese zwölf Leuchter bedeuten die zwölf Apostel, die ja die zwölf Grundsteine der Kirche sind. Sie sind auch die ersten, von denen das Wort Jesu gilt: „Ihr seid das Licht der Welt."

Gelobt sei Gott in aller Welt. *GL* Nr. 610
Offenbarung 21,9–14

Tabernakel

Tabernakel heißt „kleines Zelt". Beim Zug durch die Wüste machte Mose mit den Israeliten ein Zelt als Wohnstätte für Gott. Das war ein Zeichen, daß Gott immer bei seinem Volk ist. – Jesus hat das Bundeszelt abgelöst. Durch ihn ist Gott in der Mitte seines Volkes. Nach seiner Heimkehr zum Vater ist er dennoch auf vielfache Weise unter uns gegenwärtig: wo ein Werk der Liebe geschieht, wo zwei oder drei in seinem Namen beisammen sind, im Priester, im Wort, in den Sakramenten, vor allem aber in der Eucharistiefeier auf dem Altar. Von dem verwandelten Brot, dem Sakrament des Altares, hat man schon in frühen Zeiten des Christentums etwas für die Kranken aufgehoben, damit man ihnen jederzeit davon bringen kann. Der kleinen Lade (Erinnerung an die Bundeslade im Alten Testament), die als Aufbewahrungsort dient, gab man den Namen Tabernakel. Zum Zeichen, daß Jesus dort gegenwärtig ist, brennt ein Licht, auch ewiges Licht genannt. Wir beugen davor unsere Knie. Viele besuchen untertags Jesus im Tabernakel.

Monstranz

Monstranz heißt: Zeigegerät. Mit der Monstranz wird Jesus in der Gestalt des Brotes der Gemeinde gezeigt. Diese Art der Verehrung hat sich im Lauf der Jahrhunderte entwickelt. Die Monstranzen sind sehr wertvoll. Das ist ein Hinweis darauf, daß die unscheinbare Brotscheibe in der Mitte der Monstranz wertvoller ist als alles andere auf der Welt. – Am Fronleichnamstag wird die Monstranz mit dem „hochwürdigsten Gut" durch die Straßen getragen.

Gottheit tief verborgen. *GL* Nr. 546

HEILIGES WORT

Wir nennen unser Christentum eine Offenbarungsreligion. Denn Gott hat zu uns gesprochen, und er spricht noch heute zu uns. Deshalb hat das Wort für uns eine große Bedeutung.

Das heilige Buch

Bibel heißt einfach Buch. Man nennt sie auch „das Buch der Bücher“. Kein Buch ist in der Welt so verbreitet und in so viele Sprachen übersetzt. Die Bibel ist unser „Buch“, das heilige Buch. Jeder sollte dieses Buch zu Hause haben, jeder sollte darin lesen. Im Gottesdienst wird die Bedeutung der Heiligen Schrift durch Zeichen verdeutlicht. Zuerst durch das Buch selbst, das beim Gottesdienst verwendet wird. Es ist groß und hat einen schönen Einband. Es wird mit Ehrfurcht behandelt. Das gilt besonders für das Evangelienbuch, auch Evangeliar genannt. Aus früheren Zeiten gibt es Evangeliare, die mit wertvollen Kunstwerken und Edelsteinen geschmückt sind.

Dein Wort, Herr, nicht vergehet. *GL* Nr. 614,3
Psalm 119 A: *GL* Nr. 750

Vorlesen

Im Gottesdienst treten Menschen an das Lesepult (Ambo) und lesen aus der Heiligen Schrift vor. Das ist nicht nur ein Vorgang, der für sich selbst spricht, denn die Bibel kann man überall lesen und vorlesen. Es ist zugleich ein Zeichen. Das Vorlesen zeigt, daß das Wort Gottes für die Kirche lebenswichtig ist. Wir leben vom Wort der Propheten und Apostel, vor allem aber vom Wort Jesu. So werden an jedem Sonntag Abschnitte aus dem Alten Testament, aus den Apostelschriften und aus den Evangelien vorgelesen. Es ist das Wort des lebendigen Gottes. Darum ist das Amt des Lektors ein hohes Amt.

Wortgottesdienst. *GL* Nr. 355

Vorsingen

Warum werden im Gottesdienst Texte, die eigentlich keine Lieder sind, vorgesungen? Daß die Präfation als feierliche Eröffnung des Hochgebetes gesungen wird, kann man noch verstehen. Aber manchmal wird auch das Evangelium gesungen oder auch die Lesungen. Auch das ist ein Zeichen. Das Singen weist auf die Würde und die überzeitliche Bedeutung der heiligen Worte hin. Die Botschaft wird in andere Töne gekleidet, als sie die Sprachmelodie geben kann. Man nennt das Sprechgesang. Ohne diesen ist unser Gottesdienst nicht zu denken. Natürlich kann man alles auch sprechen. Aber das Zeichen des Sprechgesangs sollte nicht fehlen. – Besonders eindringlich ist die Weise des Sprechgesangs beim Antwortpsalm ausgebildet. Der Psalter ist ja das Liederbuch der Bibel. In jeder Meßfeier soll der Psalmensänger ein Stück daraus vortragen. So kann jeder erfahren: Hier wird eine frohe Botschaft verkündet.

Predigen

Die Predigt sagt uns ganz allgemein etwas, unabhängig von ihrem Inhalt, der ja immer wechselt: Menschen unserer Zeit versuchen das Wort Gottes in ihre eigenen Worte zu fassen. So war das zu allen Zeiten, und es ist richtig so. „Geht in alle Welt, und verkündet das Evangelium!“ Das wird sichtbare Wirklichkeit nicht nur im Vorlesen der heiligen Texte, sondern auch in der Predigt. Sie ist ein Zeichen, daß der Auftrag auch heute erfüllt wird. Daneben gibt es viele Formen, wie wir Christen von der Wahrheit Zeugnis geben können.

Hören

Wir hören vielen Worten zu, die gesagt werden. Die Ohren sind ja zum Hören da. Auch im Gottesdienst hören wir zu. Aber das ist mehr als bloßes Zuhören. Es ist zugleich ein Zeichen für uns und andere, die als bloße Zuschauer bei einem Gottesdienst sind. Das Hören zeigt auf die Wahrheit: „Der Glaube kommt vom Hören." Besonders deutlich wird dieses Zeichen beim Priester, der während der Lesung mit allen sitzt und zuhört. Denn auch er muß hören, um glauben zu können. Die Art wie wir zuhören, ist ein Zeichen der inneren Bereitschaft, sich von Gott etwas sagen zu lassen.

Liebster Jesu, wir sind hier. *GL* Nr. 520
Herr, gib uns Mut zum Hören. *GL* Nr. 521

kyrie eleison

Bei der Eröffnung der Eucharistiefeier erklingt ein griechischer Ruf: Kyrie eleison. Das heißt: Herr, erbarme dich. Aber diese Übersetzung sagt nicht alles über die Bedeutung des Rufes. Die Christen haben ihn von den Soldaten im Ostteil des römischen Reiches übernommen. Wenn der Kaiser die Truppen besuchte, riefen diese ihm im Chor zu: Kyrie eleison. Kyrios, das war der Herrschername für den Kaiser. Die Christen sagten: Unser Kyrios ist Christus. Darum ist der Kyrie-Ruf eine Huldigung an Christus, unseren Herrn. Das merkt man schon an den Melodien. Das „eleison" „erbarme dich" verstärkt die Huldigung noch. Denn wir sagen damit: Wir sind von dir abhängig, wir brauchen deine Gnade.

Jesus Christus, für uns als Mensch geboren. *GL* Nr. 522

Halleluja

Von den Juden haben wir den hebräischen Ruf Halleluja übernommen. Es wurde zum Jubelruf der Christen. Wir rufen das Halleluja vor allem vor dem Evangelium, in dem uns Jesus in seinem Wort gegenübertritt. Halleluja heißt: Lobt Gott. Aber das braucht man eigentlich nicht zu wissen. Es ist einfach der Ausdruck der Freude an unserem Glauben. Im Neuen Testament steht es als der Jubelruf der Heiligen im Himmel, die sich über die Rettung freuen. Weil diese Rettung uns bereits in der Taufe geschenkt ist, singen wir das Halleluja jetzt schon auf unserem Weg zur ewigen Herrlichkeit. Es ist unser schönstes „Wanderlied". Besonders häufig singen wir es in der Osterzeit. Als Zeichen der Buße singen wir das Halleluja in der Fastenzeit nicht. Nur wer dies als Zeichen der Buße erlebt, der hat ein lebendiges Verhältnis zum Halleluja.

Wir wollen alle fröhlich sein. *GL* Nr. 223
Amen, Halleluja. *GL* Nr. 686

sanctus sanctus sanctus

Der Priester fordert uns in der Präfation auf, in den Gesang der Engel einzustimmen. Wir tun das im Sanctus. Der Prophet Jesaja schildert, wie die Engel das „Heilig" singen. Dabei beben die Mauern und die Schwellen des Tempels. Das Höchste und Tiefste, was wir Gott gegenüber sagen können, ist darin ausgedrückt. Darum gibt es nach der Präfation auch keinen anderen Gesang. Mehr können wir nicht sagen. Wir sollten uns daran gewöhnen, immer mit ganzer Stimme und mit ganzem Herzen mitzusingen.

Dich, Gott, loben wir. *GL* Nr. 706
Jesaja 6, 1–8

AMEN Ein Sprichwort redet vom „Amen in der Kirche". Denn das Amen gehört zur Kirche. Dieses hebräische Wort kann man einfach mit „Ja" übersetzen: Ich bin einverstanden; so ist es; das ist richtig. Das Amen kommt von einem Wort her, das ursprünglich „Zeltpflock" bedeutet. Daran wird die Zeltleine festgebunden, damit ein Zelt nicht umfällt. So macht ein Amen das fest, was vorher gesagt worden ist. Ein kleines, aber wichtiges Wort. Wir werden nicht müde, es zu sagen. – So wird verständlicher, wenn Paulus von Jesus sagt: „Er ist der Amen." Denn in Jesus sind alle Verheißungen „festgemacht". Er hält alles zusammen. „Eckstein" meint etwas ähnliches.

2. Korintherbrief 1,18–22

HEILIGE HANDLUNG

Wenn wir Gottesdienst feiern, stellen wir die Kirche dar. Wir sind nicht nur wir selbst. Durch uns soll immer auch das Ganze deutlich werden. Darum wird alles, was wir tun, auch zum Zeichen.

Versammlung

Leute versammeln sich zum Feiern oder wenn sie etwas besprechen wollen, wenn sie einen Vortrag hören wollen usw. Das tun Christen aus den gleichen Gründen. Aber wenn wir uns zum Gottesdienst versammeln, dann ist das zugleich ein Zeichen. Die gottesdienstliche Versammlung zeigt auf das, was Kirche ist. Gott ruft die Menschen zusammen, damit sie sein Volk werden. Die Versammelten werden eine Gemeinschaft, in der Christus lebt. Das zeigt die Gemeinde in der Kirche. Alle Arten von Menschen kann man da finden: Junge und Alte, Große und Kleine, Arme und Reiche, Gescheite und Dumme, Kranke und Gesunde, Einheimische und Ausländer. Alle diese Unterschiede bedeuten nichts mehr. Alle singen die gleichen Lieder, hören das gleiche Wort, essen vom gleichen Mahl. Daß Jesus Christus mitten in seiner Gemeinde ist, das stellt der Priester dar, wenn er zu Beginn der Eucharistiefeier die Kirche betritt und den Vorsitz übernimmt.

Gott ruft sein Volk zusammen. *GL* Nr. 640

Singen

Zur Heiligen Schrift gehört ein Gesangbuch, das Buch der Psalmen. Und es gibt nirgendwo eine christliche Gemeinde ohne Gesangbuch. Singen gehört zum Christen. Warum? Mose und seine Schwester Mirjam sangen mit den Israeliten nach der Rettung aus Ägypten ein Lied, von dem das Neue Testament sagt, daß es auch die Heiligen im Himmel singen. Wir singen, um Gott zu danken und ihn zu loben, wir singen aus Freude über das, was Jesus für uns getan hat. So wird das Singen ein Zeichen unseres Glaubens. Am Singen kann man unseren Glauben erkennen. – Das Singen zeigt auch, daß wir an eine Wirklichkeit glauben, die alles übersteigt, was die Erde geben kann. Das wird am deutlichsten, wenn das Evangelium gesungen wird. Normalerweise liest man einen solchen Text. Wenn er gesungen wird, heißt das: Hier ist von einer höheren Wirklichkeit die Rede. Darum zieht das Wort ein festlicheres Kleid an.

Nun saget Dank und lobt den Herren. *GL* Nr. 269

Stehen

„Wir danken dir, daß du uns berufen hast, vor dir zu stehen und dir zu dienen". So betet der Priester in unser aller Namen im zweiten Hochgebet. Wenn wir im Gottesdienst stehen, dann stehen wir nicht nur irgendwie herum. Wir stehen vor Gott. Das Stehen bedeutet: Ich bin bereit, wir sind bereit. Darum beginnen und beschließen wir den Gottesdienst stehend. Wir stehen beim Gebet des Priesters, vor allem bei der Präfation, und beim Vater unser. Stehend hören wir das Evangelium. Stehend singen wir das Gloria, das Halleluja, das Sanctus. Und stehend hören wir die Sendung: Gehet hin in Frieden. Denn Stehen ist ein Zeichen dafür, daß wir bereit sind, Gott zu dienen.

Sitzen

Sitzen ist die normale Haltung bei einer Versammlung. Sitzen ist vor allem die Haltung des Zuhörens. Und der Christ ist zuerst ein Hörender. „Der Glaube kommt vom Hören." Das sagt uns Paulus. Darum ist Sitzen und Zuhören ein christliches Zeichen. Wir sitzen bei den Lesungen, beim Antwortpsalm und bei der Predigt. (Beim Evangelium stehen wir dann als Zeichen der größeren Bereitschaft und als Zeichen der Ehrfurcht vor Christus.) Wir sitzen auch während der Gabenbereitung und während der Stille nach der Kommunion. Denn in dieser Haltung können wir gut betrachten, stille sein, warten und auch beten. Wir sitzen auch beim Psalmengesang im Stundengebet. Wenn wir uns aus dem Sitzen erheben, wird uns die Bedeutung des Stehens ganz deutlich.

Knien

Wenn man sich niederwirft und mit dem Gesicht zum Boden liegt, dann ist das das kräftigste Zeichen für die Anbetung Gottes. In den Psalmen ist vom Niederwerfen vor Gott die Rede. Dieses Zeichen ist noch am Karfreitag zu sehen, oder wenn ein Bischof, Priester oder Diakon geweiht wird. Das Niederknien bedeutet das Gleiche: Wir beten Gott an, wir beugen uns in Demut vor ihm. Wer niederkniet, macht sich klein. Er ist niedriger als sonst. Darum knien wir vor allem beim Einsetzungsbericht des Hochgebetes, wenn der Priester uns Leib und Blut des Herrn zeigt.

Gott ist nah in diesem Zeichen. *GL* Nr. 544, 5

Gehen

Wie groß die Fähigkeit des Gehens ist, merken wir erst, wenn wir Menschen begegnen, die gehbehindert sind. Aber ist Gehen ein christliches Zeichen? Jesus sagt: „Kommt alle zu mir!" und: „Geht in alle Welt!" Darum ist der Gottesdienst mit Kommen und Gehen verbunden. So normal das ist, es ist zugleich ein Zeichen. Wenn wir zum Gottesdienst gehen, sagen wir damit, daß unser Herz der Aufforderung Jesu folgen will: „Kommt alle zu mir!“ Wenn dann der Priester und die Ministranten zum Altar gehen, wird dieses Zeichen noch verstärkt. Und nach dem Gottesdienst gehen wir nicht einfach nur nach Hause. Denn das Wort Jesu hat uns geschickt: „Geht und seid meine Zeugen.“ – Noch etwas: Wir sind hingegangen, um Geschenke zu holen: Jesus im Wort und im Sakrament des Altares. Und wir gehen von dort weg, um Geschenke zu bringen: Ein gutes Wort, ein gutes Herz, Brüderlichkeit, ein gutes Leben.

Kreuzzeichen

Mit der Hand schlagen wir ein Kreuz über uns. Das ist ein großes Zeichen. Wir bekennen uns als Christen, wir stellen uns unter das Kreuz. Wir werden uns bewußt, daß Christus gegenwärtig ist. Meistens sagen wir beim Kreuzzeichen: „In Namen des Vaters und des Sohnes und des Heiligen Geistes.“ Mancher mag denken, daß dies nicht ganz zusammenpaßt. Aber wenn wir ein wenig nachdenken, erkennen wir, daß in Jesus sich der dreifaltige Gott offenbart, daß mit Jesus Gott bei uns ist, der dreifaltige Gott, auf den wir getauft sind.

Kniebeuge

Die Kniebeuge bedeutet das gleiche wie das Knien; nur ist sie kürzer. In einen Augenblick ist Huldigung, Anbetung, Kleinerwerden hineingenommen. Wir sagen damit: „Du großer Gott, ich bete dich an!“ Es ist nicht gut, wenn die Kniebeuge ein Zeichen wird, bei dem man sich nichts denkt. Deshalb ist es nicht wichtig, viele Kniebeugen zu machen. Es ist wichtig, jede Kniebeuge ganz bewußt zu machen. Vor allem Ministranten sind in Gefahr, die Kniebeuge zur reinen Formsache verkommen zu lassen.

Händefalten

Zuerst denkt man beim Händefalten ans Bitten, weil Kinder beim Bitte-Bitte-Sagen manchmal die Hände aneinanderlegen. Aber das Zeichen des Händefaltens bedeutet: Meine Hände tun jetzt nichts, sie können nichts tun oder sie wollen nichts tun. Darum hat das Händefalten einen doppelten Sinn. Jesus sagt: „Marta, Marta, du kümmerst dich um Vieles; Eines nur ist notwendig." So lassen wir ab vom Tätigsein und konzentrieren uns auf die Worte des Gebetes und auf unser Inneres. Der zweite Sinn ist dann das Bitten. Wir sagen zu Gott: „Ich kann nichts tun, hilf du." Oder: „Heiliger Geist, werde du tätig in mir".

Brustklopfen

Zwei Worte, die wir zum Brustklopfen sagen, erklären zugleich dieses Zeichen: „Durch meine Schuld!" und: „O Herr, ich bin nicht würdig." Das Brustklopfen ist also eine Geste der Buße. Wir bekennen, daß wir schwach und sündig sind. Das gehört ganz wesentlich zum Christen.

Schweigen

Man kann aus verschiedenen Gründen schweigen. Für uns Christen ist Schweigen ein Zeichen. Wenn wir untertags eine leere Kirche besuchen, erfahren wir in der Stille des Raumes, im Schweigen etwas von der Heiligkeit des Ortes. Wenn wir selber schweigen, etwa vor dem Gebet des Priesters oder nach der Kommunion, dann ist das ein Zeichen der Vertiefung unserer Aufnahmebereitschaft. Wichtig ist dabei nicht nur das äußere Schweigen. Es kommt darauf an, daß der innere Mensch still wird. Nur so können wir hören, können wir schauen. Nur so kann tief aus unserem Inneren das Ja zum Gebet und der Lobgesang kommen.

Das Meßgewand

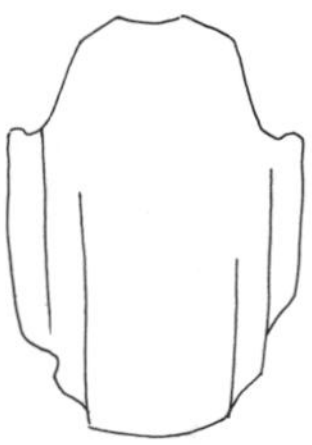

Der Priester trägt bei der Eucharistiefeier ein festliches Gewand. Es kann an verschiedenen Orten und Zeiten ganz verschieden aussehen, aber immer ist es festlich. Dieses Gewand ist ein Zeichen dafür, daß der Priester anstelle Christi der Gemeinde gegenüber steht. Man nennt ihn auch einen „anderen Christus". Das Zeichen hebt eine Wirklichkeit hervor, die durch die Priesterweihe (und die Bischofsweihe) begründet ist. – Vier Farben prägen das Kirchenjahr: Weiß die Osterzeit, die Weihnachtszeit, die meisten Feste; Rot das Pfingstfest und die Feste und Gedenktage der Märtyrer, ebenso den Firmgottesdienst; Violett die österliche Bußzeit, die Adventszeit, die Bitttage, die Begräbnismesse; Grün die Zeit während des Jahres.

Mitra und Stab

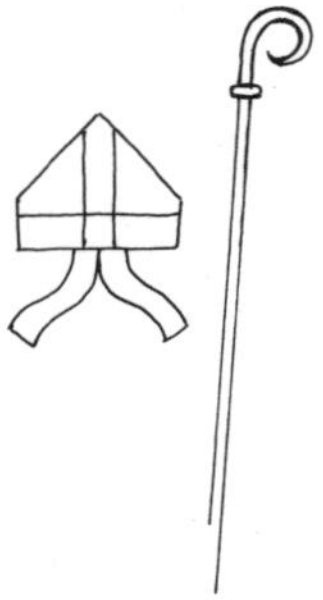

Der Bischof ist an Mitra und Stab zu erkennen. Der Stab weist auf das Hirtenamt hin, das dem Bischof von Jesus übertragen ist. Die Mitra ist eine Kopfbedeckung, die ein deutliches Erkennungszeichen ist. Für die Mitra gibt es verschiedene Deutungen. Manche sehen darin einen Hinweis auf das christliche Zeichen des Fisches, da die Mitra die Form eines Fischmauls hat.

Andere Gewänder

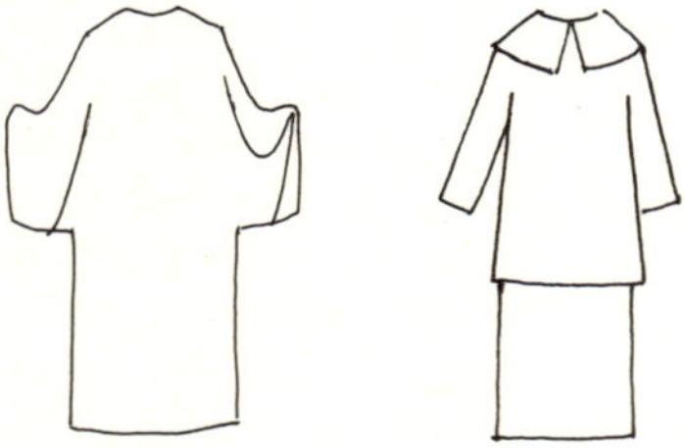

Das eigentliche Amtszeichen für die Stufen des Sakramentes der Weihe ist die Stola. Bischöfe und Priester tragen sie um den Hals, Diakone tragen sie über die eine Schulter. Darüber trägt der Diakon beim festlichen Gottesdienst die Dalmatik, ein Gewand mit weiten Ärmeln. – Daneben gibt es noch die Gewänder für die verschiedenen Dienste: Lektoren, Sänger und vor allem Ministranten. Sehr häufig ist der weiße Chorrock. Er ist ein Hinweis auf das Taufkleid und darauf, daß alle teilhaben am gemeinsamen Priestertum der Gläubigen.

MARIA

Menschen, die sich gern haben, geben sich manchmal Kosenamen. Weil wir die Gottesmutter gern haben, geben wir ihr viele schöne Namen. Einen Teil davon enthält der folgende Abschnitt.

Spiegel der Gerechtigkeit

Wenn man in einen Spiegel hineinschaut, dann fällt einem weniger der Spiegel auf als das, was er spiegelt. Wenn wir Maria anschauen, dann spiegelt sie die „Gerechtigkeit" wider. Dieses Wort aus der Bibel meint auch die Güte Gottes, seine Treue. Mit Gerechtigkeit meint die Bibel aber auch die

Heiligkeit der Menschen. So meinen wir mit „Spiegel der Gerechtigkeit“ auch: Maria ist das Urbild aller Heiligkeit.

Weisheit 7,21–26

Sitz der Weisheit

Im Buch der Weisheit wird gesagt, daß die Weisheit, die als Person vorgestellt wird, neben Gott ihren Thron hat. Wir nennen Jesus auch die ewige Weisheit. Maria nennen wir seinen Thron. Auf ihrem Schoß sitzend wird Jesus oft dargestellt. Auf vielen Bildern sitzt er wie ein König auf seinem Thron. – Bei dem Wort Sitz fällt uns auch das Wort Regierungssitz ein. Regieren heißt lenken und leiten. Maria als Sitz der Weisheit heißt also: Wenn wir zu ihr gehen, ist dort die Weisheit zu finden, die uns zu einem Leben aus dem Glauben anleitet.

Lade des Bundes – Bundeslade Gottes

Während des Wüstenzuges bauten die Israeliten einen wertvollen Schrein aus Akazienholz. Er war reich geschmückt. In diesen Schrein legten sie ihre Bundesurkunde, die Gesetzestafeln des Mose. Die Bundeslade begleitete das Volk, bis sie schließlich im Tempel von Jerusalem ihren Platz fand. – Wir leben im Neuen Bund und nennen Maria die Bundeslade, weil in ihr der Mittler des Bundes Fleisch annahm. Jesus selber ist die „Urkunde“ des Neuen Bundes, nicht mehr Tafeln aus Stein, sondern ein lebendiger Mensch. Und auch die Bundeslade ist kein hölzerner Schrein mehr, sondern ein lebendiger Mensch: Maria.

Geheimnisvolle Rose

In vielen Liedern wird Maria mit einer Rose verglichen. Am bekanntesten ist: „Es ist ein Ros entsprungen." – Die Rose ist die schönste aller Blumen. Ihr Duft erfreut jeden Menschen. Die Rose gilt auch als die Blume der Liebe. Die Menschheit hat Gott keine schönere Blume zu schenken, als Maria, die geheimnisvolle Rose. Sie blüht immer und verwelkt nie. Man wird nie müde, sie anzuschauen.

Sie ist die edle Rose. *GL* Nr. 588,2

Turm Davids – elfenbeinerner Turm

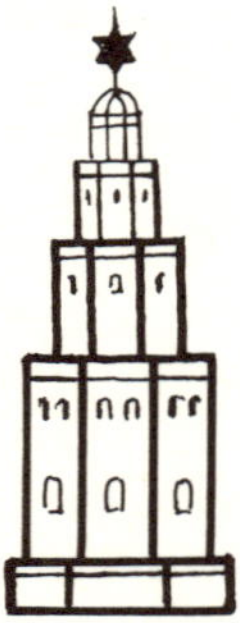

Türme sind hochragende Gebäude. An ihnen kann man eine Ortschaft erkennen. So ist Maria ein Erkennungszeichen der Kirche. – Türme waren früher Schutzbauten, eine Zuflucht in der Bedrohung. Das ist Maria für die Christen. – Türme sind oft reich geschmückte Bauwerke. Deshalb wird im Lied der Lieder die Braut in ihrem Halsschmuck mit dem Turm Davids und mit einem elfenbeinernen Turm verglichen. Dies Bild der Bibel wenden wir auf Maria an. – In alten Kirchen finden wir als Tabernakel manchmal einen „Sakramentsturm", reich geschmückt. Wie ein solcher Turm das Allerheiligste trägt, so trägt Maria Jesus.

Unter deinen Schutz und Schirm. *GL* Nr. 32,3

Pforte des Himmels

Seit der Vertreibung aus dem Paradies war die Pforte verschlossen. Der Engel mit dem Flammenschwert stand davor – bis der Sohn Gottes auf die Welt kam. Man kann sich das so vorstellen, daß sich die Pforte des Paradieses wieder geöffnet hat. Maria ist die Pforte, durch die Jesus in die Welt kam. Er hat damit den Himmel für alle geöffnet. – Wenn durch uns Jesus in die Welt kommt, sind wir auch ein wenig eine „Pforte des Himmels".

Maria, Himmelskönigin. *GL* Nr. 579

Morgenstern – Meeresstern

Zunächst nennen wir Jesus Morgenstern; dann ist dieses Wort ein anderes Wort für die Sonne. Wir nennen aber auch einen hellen Stern, der vor Sonnenaufgang am Himmel zu sehen ist, Morgenstern. Und mit diesem Stern vergleichen wir Maria. Sie hat mitten in der Nacht geleuchtet als Vorbote des Morgens. Deswegen nennen wir sie auch die Morgenröte des Heils. – Wenn wir Maria Meeresstern nennen, dann denken wir an einen Stern, der den Seefahrern auf dem Meer in der Nacht Orientierung gibt. Auch wenn um uns alles finster ist: Wenn wir auf Maria schauen, können wir den richtigen Weg finden.

Meerstern, sei gegrüßet. *GL* Nr. 578

Königin des Himmels

Wir vergleichen Maria mit einer Königin. Das ist am leichtesten zu verstehen. Die Maler haben Maria schon immer als eine Königin gemalt, obwohl sie nie wertvolle Kleider besessen hat. Aber Gott hat die kleine Magd von Nazaret größer gemacht als alle Menschen, und darum haben die Maler recht. Die Lauretanische Litanei zählt zwölf Königinnentitel für Maria auf. Und das letzte Gesätz des Rosenkranzes heißt: Der dich, o Jungfrau, im Himmel gekrönt hat.

Maria aufgenommen ist. *GL* Nr. 587
Lauretanische Litanei. *GL* Nr. 769,6
Aus königlichem Stamm. *GL* Nr. 783,1

Zuflucht der Sünder

Maria auf dem Kopf einer Schlange. So sehen wir es oft. Die Schlange ist das Sinnbild der Sünde und der Verführung. Maria, die Sündenlose, hat die Schlange besiegt durch die Gnade, die von ihrem Sohn kommt. So ist sie Hoffnung für uns, daß auch wir durch den Sieg Jesu das Böse überwinden können. Und wenn wir dem Bösen verfallen sind, dann macht sie uns Hoffnung, daß durch die Vergebung Jesu der Sieg über die Sünde gelingt. Darum nennen wir Maria die Zuflucht der Sünder.

Ave Maria zart. *GL* Nr. 583

Unbeflecktes Herz

Durch die Sünde unserer Ureltern kam das Unheil in die Welt. Auf allen Menschen lag von da an der Makel, fern von Gott zu sein. Wir nennen das die Erbsünde oder die Erbschuld. Von Maria glauben wir, daß sie ohne Erbsünde empfangen ist. Vom ersten Augenblick ihres Lebens an war sie vor der Sünde bewahrt, und ihr ganzes Leben lang war sie in Liebe mit Gott und den Menschen verbunden. Das wird dargestellt im Zeichen des unbefleckten Herzens.

Sagt an, wer ist doch diese. *GL* Nr. 588
Ohne Erbsünde empfangen. *GL* Nr. 783

Rosenkranz

Wenn man ein Zeichen dafür sucht, daß es betende Menschen gibt, dann findet man an erster Stelle eine Gebetsschnur, auf der viele Perlen aufgereiht sind. Wir nennen sie: Rosenkranz. Die Perlen wandern durch die Hand, und dabei betet man: bei der großen Perle ein Vaterunser, bei der kleinen Perle ein Ave Maria. Ein Rosenkranz hat fünf „Gesätze" mit je zehn Ave Maria. Bei jedem Gesätz wird ein „Geheimnis" aus dem Leben Jesu genannt. So kennen wir die fünf freudenreichen Geheimnisse, die fünf schmerzhaften Geheimnisse und die fünf glorreichen Geheimnisse. Mit Maria gehen wir zu Jesus und betrachten sein Leben. Das kann man auch daran sehen, daß am Rosenkranz ein Kreuz hängt. Zu Beginn des Gebets nehmen wir das Kreuz in die Hand und sprechen das Glaubensbekenntnis.

Der Rosenkranz. *GL* Nr. 33
Das Rosenkranzlied: *GL* Nr. 590–592

Mutter der Schmerzen

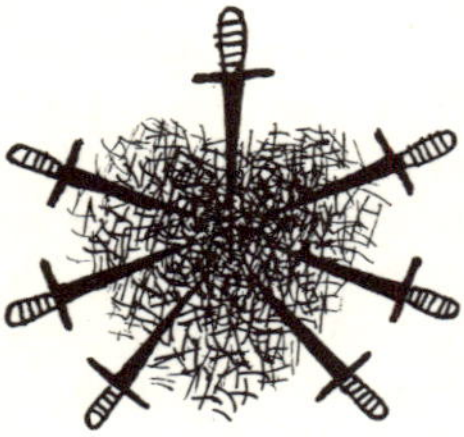

Ein Herz, das gleich von sieben Schwertern durchdrungen wird. Das weist uns auf Maria hin, die Mutter der Schmerzen. Simeon sagte zu ihr im Tempel von Jerusalem: „Dir selbst aber wird ein Schwert durch die Seele dringen.“ Das hat sich bewahrheitet. In der Andacht von den Sieben Schmerzen suchen die Menschen Trost bei der schmerzensreichen Mutter.

Christi Mutter stand mit Schmerzen. *GL* Nr. 584
Schmerzhafte Mutter. *GL* Nr. 783, 6

HEILIGE

Als Erkennungszeichen für Heilige gibt es viele Zeichen. Manche kommen öfter vor, die sind am Anfang des Abschnitts gesammelt. Dann folgen Zeichen für besonders bekannte Heilige. Beide Teile des folgenden Abschnittes sind alphabetisch geordnet.

Besiegter Drache

Zur Heiligkeit gehört der Kampf gegen das Böse. Dafür ist der Kampf gegen den Drachen ein Sinnbild. Am bekanntesten ist der heilige Georg.

Brennende Lampe

„Wachet, denn ihr wißt nicht die Stunde, wann der Herr kommt.“ Heilige sind solche wachen Menschen, die den Ruf Gottes nicht verschlafen haben. Zeichen der Wachsamkeit ist die brennende Lampe.

Der Herr bricht ein um Mitternacht. *GL* Nr. 567
Matthäus 25, 1–13

Buch und Feder

Heilige, die durch ihre Schriften den Glauben verkündet haben, die die Liebe vertieft haben, werden mit Buch und Feder dargestellt.

Evangelisten

Als Zeichen für die vier Evangelisten werden die vier „Lebenden Wesen“ aus der Offenbarung des Johannes genommen, die zuerst Zeichen für Christus sind. Siehe Seite 26. Der Mensch ist Zeichen für Matthäus, der Löwe Zeichen für Markus, der Stier Zeichen für Lukas und der Adler Zeichen für Johannes.

Flammendes Herz

Heiligkeit ist nur möglich, wenn ein Mensch Gott liebt. Ein Zeichen für die Liebe ist das brennende Herz. Die Jünger von Emmaus sagten zueinander: „Brannte nicht das Herz in uns.“

Komm, Heiliger Geist. *GL* Nr. 247

Kirchenmodell

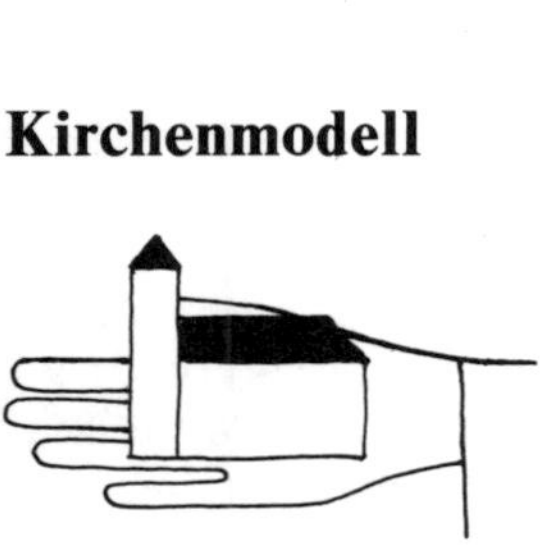

Immer wieder sieht man Heiligenfiguren, die auf ihrer Hand das Modell einer Kirche tragen. Das weist darauf hin, daß sie eine Kirche aus Steinen gebaut haben. Aber nicht jeder, der eine Kirche baut, ist ein Heiliger. Das Kirchenmodell ist also mehr ein Erkennungszeichen als ein Zeichen der Heiligkeit.

Krone

Die Krone ist ein Zeichen dafür, daß sich an den Heiligen erfüllt: Ihr seid ein Volk von Königen und Priestern. Der Heilige ist Christus ähnlich.

Lilie und Rose

Beide Blumen sind ein Zeichen für jungfräuliche Heilige. Sie haben auf die Ehe verzichtet, um ganz für Jesus zu leben. Eine blühende Blume ist das Zeichen für diese ungeteilte Liebe.

Gott sei durch euch gepriesen. *GL* Nr. 613
1. Korintherbrief 7,25–35

Ölzweig

Heilige sind Menschen des Friedens. Darum werden manche mit dem Ölzweig dargestellt. Denn der Ölzweig ist ein Zeichen des Friedens.

Palme

Die heiligen Märtyrer werden mit der Palme dargestellt. Sie ist ein Zeichen des Jubels über den Sieg. Gemeint ist der Sieg des Kreuzes, an dem sie durch ihren gewaltsamen Tod teilhaben. Gelegentlich werden auch andere Heilige mit der Palme dargestellt, so wie es in der Offenbarung des Johannes beschrieben ist.

In Jubel, Herr, wir dich erheben. *GL* Nr. 611
Offenbarung 7,1–17

Ambrosius

Der heilige Ambrosius von Mailand ist einer der vier abendländischen Kirchenväter. Er wird mit einem Bienenkorb dargestellt. Das weist auf seinen „Bienenfleiß" hin. Noch mehr sind seine Predigten gemeint. Wie Bienen, beladen mit süßem Honig, so waren die Worte aus seinem Mund voll von der guten Lehre Jesu.

Andreas

Nach der Legende wurde der Apostel Andreas gekreuzigt, und zwar an einem Kreuz, das wie ein X errichtet war. Daher nennt man dieses Kreuz auch Andreaskreuz. – Der Apostel Andreas wird vor allem in der Ostkirche verehrt. Er ist der Bruder des Petrus und wird schon im Neuen Testament gleich nach Petrus aufgezählt.

Mir nach, spricht Christus, unser Held. *GL* Nr. 616
Matthäus 9,36 – 10,7

Augustinus

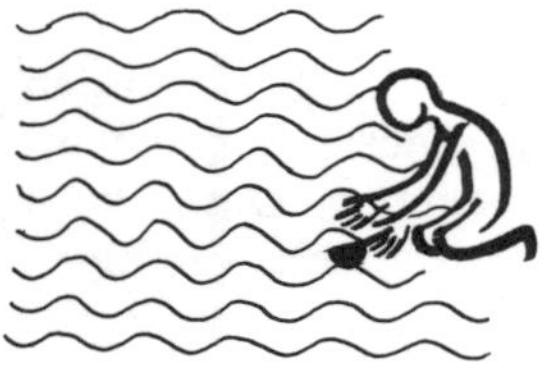

Der heilige Augustinus ist einer der vier abendländischen Kirchenväter. Er war Bischof von Hippo in Nordafrika. Eines Tages sah er am Sandstrand des Mittelmeeres ein Kind, das Wasser aus dem Meer in eine kleine Sandgrube löffelte. Auf seine Frage sagte das Kind: „Eher bekomme ich das Meer in die kleine Grube, als daß du, obwohl du so gescheit bist, die Wahrheit des großen Gottes in deinen Kopf bekommst."

So erzählt eine Legende. Deshalb wird Augustinus oft mit einem Kind, das einen Löffel hat, oder nur mit einem Löffel dargestellt.

Benedikt

Der Heilige Benedikt, der Gründer des Benediktinerordens, wird der Vater des Abendlandes genannt. Er ist der Patron Europas. Oft wird er mit einem Raben dargestellt, weil täglich ein Rabe zu seiner Höhle kam, den er von dem Wenigen, das er hatte, fütterte.

Benno

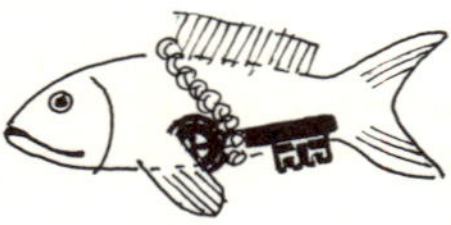

Benno mußte damit rechnen, daß während seiner Abwesenheit der König seine Domkirche in Meißen schänden würde. Deshalb ließ er die Schlüssel der Kathedrale in die Elbe werfen. Nach seiner Rückkehr fing man einen Fisch, an dem sich die Schlüssel verfangen hatten. Das wurde zu seinem Zeichen.

Blasius

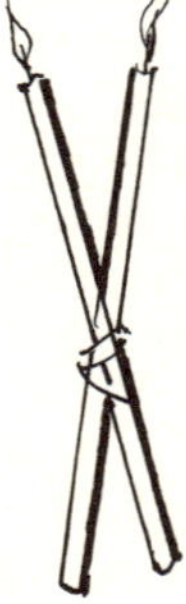

Am 3. Februar kann man in den Kirchen den Blasiussegen empfangen. Dieser Segen wird mit gekreuzten Kerzen gegeben. Dabei wird gesprochen: „Auf die Fürsprache des heiligen Blasius bewahre dich der Herr vor Halskrankheit und allem Bösen."

Bonifatius

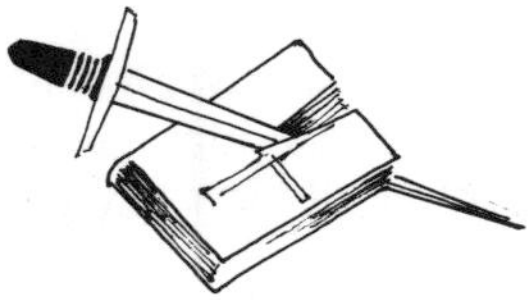

Der Apostel der Deutschen, Bischof von Mainz, der Engländer Bonifatius, ist in Fulda begraben. An seinem Grab versammeln sich die Deutschen Bischöfe einmal im Jahr. Er wurde bei der Friesenmission getötet. Zum Schutz hielt er eine Bibel über sich. Er wird mit einem Buch dargestellt, durch das ein Schwert geschlagen ist.

Caecilia

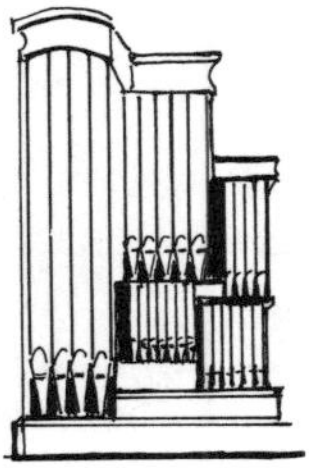

Die heilige Caecilia liebte Jesus so sehr, daß sie nicht einmal mit ihren Freundinnen zum Tanzen ging. Während dieser Zeit sang und betete sie lieber vor Gott. Deshalb wird sie mit einer kleinen Orgel dargestellt. So wurde sie eine Patronin der Kirchenmusik.

Dominikus

Der heilige Dominikus hat einen Orden gegründet, den nennen wir die Dominikaner. Domini canes heißt auch: Die Hunde des Herrn. Treu wie Hunde dem Menschen, so wollen die Dominikaner Gott anhängen. Darum ist das für sie ein Ehrentitel, und wird ihr Gründer oft mit einem Hund dargestellt, der die Fackel des Wortes Gottes trägt.

Elisabeth

Die Heilige Elisabeth von Thüringen ist die große Heilige der Nächstenliebe. Diese Liebe wurde mit einem ganzen Korb voller Rosen dargestellt. Die Rose ist ja die Blume der Liebe. Die Legende hat dann daraus die Geschichte einer Notlüge gemacht. Man sah es nicht gern, daß Elisabeth sich um die Armen kümmerte. Als sie einmal mit einem Korb voller Lebensmittel für die Armen die Wartburg bei Eisenach verließ, wurde sie gefragt, was sie im Korb habe. Sie sagte: „Rosen". Als das Tuch vom Korb weggezogen wurde, waren tatsächlich Rosen darin.

Florian

Der heilige Florian wird zum Schutz gegen Schadensfeuer angerufen. Man erkennt ihn an einem Löscheimer, wie er früher in Gebrauch war.

Franziskus

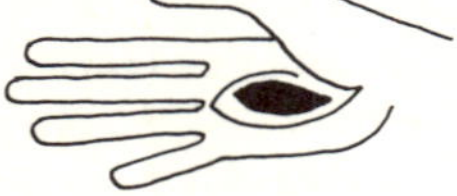

Der heilige Franz von Assisi ist allen bekannt als der Bruder Immerfroh. Er sah alle Geschöpfe als seine Brüder an. Deshalb erzählt die Legende, daß er den Tieren gepredigt hat, und daß die Tiere ihm zugehört haben. – Er hat sich mit dem leidenden Jesus innig vereinigt. So erschienen an seinen Händen und Füßen die Wundmale Jesu (Stigmata).

Gregor

Gregor der Große, der erste Papst mit diesem Namen, ist einer der vier abendländischen Kirchenväter. Ihm haben wir die Missionierung unserer Vorfahren, der Germanen, zu verdanken. Nach ihm ist auch die Gesangsweise der Kirche, der gregorianische Choral, benannt. Was Gregor gesagt, gesungen und getan hat, war so überzeugend, daß die Leute ihn nicht nur den Großen nannten. Sie sagten auch: Das kommt direkt vom Heiligen Geist. Deswegen wird Gregor mit einer Taube dargestellt, die auf seiner Schulter neben seinem Ohr sitzt.

Hieronymus

Der heilige Hieronymus ist einer der vier abendländischen Kirchenlehrer. Er hat die ganze Bibel ins Lateinische übersetzt. Diese Übersetzung heißt „Vulgata“, das kann man mit „Volksausgabe“ übersetzen. Er wird mit einem Löwen dargestellt, weil er ein sehr temperamentvoller Mensch war, der leicht zornig wurde.

Hildegard

Die heilige Hildegard von Bingen war eine der gescheitesten Frauen ihrer Zeit. Sie schrieb Bücher und hielt Predigten. Ihr berühmtestes Buch heißt „Sci vias“, das heißt „Wisse die Wege“. Gemeint sind die Wege zu Gott. Deswegen wird sie oft mit diesem Buch dargestellt.

Hubert

Nach der Legende sah Hubert eines Tages im Geweih eines Hirsches ein Kreuz. Dies wurde zum Erkennungszeichen für ihn.

Jakobus

Der Apostel Jakobus der Ältere wird mit Pilgerstab und Pilgermuschel (zum Wasserschöpfen) dargestellt. Er ist der Patron der Pilger. Santiago de Compostela in Nordspanien ist einer der großen europäischen Wallfahrtsorte. Santiago heißt: heiliger Jakobus.

Johannes, der Evangelist

Ein Kelch mit einer Schlange weist auf den Apostel Johannes hin. Die Legende erzählt von ihm, daß man ihm vergifteten Wein gegeben hat, um ihn umzubringen. Aber er blieb am Leben. An seinem Festtag wird Wein gesegnet. Johannes ist „der Jünger, den Jesus liebte". Die Johannesschriften des Neuen Testamentes wollen uns an dieser Liebe teilhaben lassen.

Mein schönste Zier und Kleinod bist. *GL* Nr. 559
Johannes 21,20–25

Josef

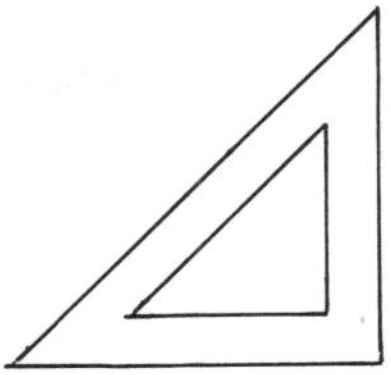

Ein einfaches Werkzeug, ein Winkel, den ein Zimmermann braucht, ist das Zeichen für einen großen Heiligen. Josef ist ein ganz einfacher und normaler Mensch. Aber um Gott und den Mitmenschen zu lieben, braucht man kein besonderer Mensch zu sein. Es gibt reiche Leute. Es gibt Leute, die viel Macht und Einfluß haben. Es gibt Geistesgrößen, Professoren und Schriftsteller. Es gibt Stars im Sport und im Schaugeschäft. Vor Gott haben sie den einfachen Menschen nichts voraus. Wer nicht lieben kann, kann nicht glücklich sein. Darum ist der Winkel des heiligen Josef für uns so wichtig.

Sankt Josef, Sproß aus Davids Stamm. *GL* Nr. 609
Matthäus 1,18 – 2,23

Katharina

Auf dem Mosesberg im Sinai gibt es das berühmte Katharinenkloster. Dort ist das Grab der Heiligen. Da sie durch ein Rad mit Metallzähnen grausam getötet wurde, wird sie mit einem solchen Rad dargestellt.

Laurentius

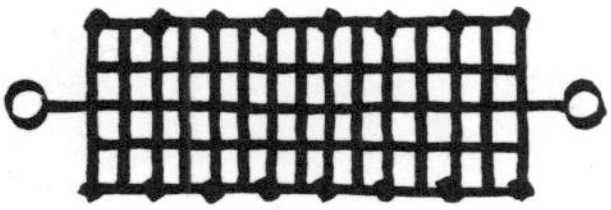

Der Diakon Laurentius ist auf Darstellungen an einem Eisenrost zu erkennen, weil man ihn auf einem solchen Rost verbrannt hat.

Luzia

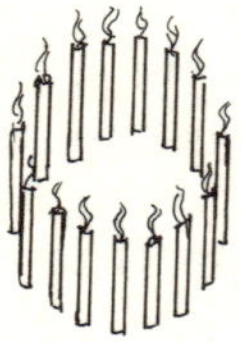

Luzia heißt „Leuchtende“. In Skandinavien tragen Mädchen am 13. Dezember, dem Luziatag, einen Kerzenkranz auf dem Kopf.

Martin

Den Bischof Martin von Tours erkennt man an dem geteilten Mantel. Diese Tat der Liebe vor dem Stadttor von Amiens wird nie vergessen werden, solange Menschen leben. Bei den Martinsumzügen stellen wir es immer wieder dar.

Nikolaus

Wer kennt ihn nicht, den guten Bischof Nikolaus. Meist wird er mit drei Klumpen dargestellt. Einmal sind es Goldklumpen, weil er drei Mädchen damit zur Heirat verholfen hat. Ein andermal sind es Brote, die er an die Armen verteilt hat.

Paulus

Das Zeichen des Apostels Paulus ist das Schwert. Zuerst denkt man dabei daran, daß er mit dem Schwert enthauptet wurde. Es gibt noch eine andere Bedeutung. Er selbst hat einmal das Wort Gottes mit einem Schwert verglichen. Und er selbst ist der große Missionar der Urkirche, der das Wort Gottes in viele Länder getragen hat. Er ist keiner Schwierigkeit ausgewichen.

Boten des Glaubens. *GL* Nr. 785,3
Epheser 6,14–18; Hebr 4,12–13

Petrus

Jesus sagt zu Petrus: „Ich werde dir die Schlüssel des Himmelreiches geben.“ Wenn wir die zwei gekreuzten Schlüssel sehen, denken wir an Petrus. Wir sollten auch daran denken, wie groß die Verantwortung ist, die Jesus damit dem Petrus aufgeladen hat. Der Papst ist der Nachfolger des Petrus. Er trägt die gleiche Verantwortung. Deswegen beten wir in jeder Eucharistiefeier für ihn.

Für den Papst. *GL* Nr. 787,6
Matthäus 16,13–20

Sebastian

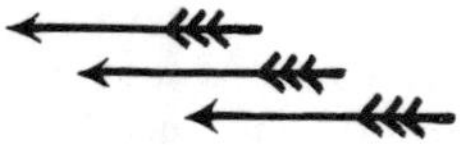

Der heilige Soldat Sebastian starb den Martertod durch Pfeile. Dran kann ihn jeder erkennen.

Stephanus

Der Diakon Stephanus ist der erste Märtyrer der Kirche. Er wurde gesteinigt. So stellt man ihn mit Steinen dar.

Thomas Morus

Die Kanzlerkette weist darauf hin, daß der heilige Thomas Morus Lordkanzler des Königs von England war. Dieser König ließ ihn wegen seiner Treue zur katholischen Kirche hinrichten. Darum kommt zur Kanzlerkette das Papstkreuz.

Wendelin

Der heilige Wendelin ist der Patron der Landwirte. Darum ist er mit Schaf und Hirtenstab dargestellt.

ENGEL

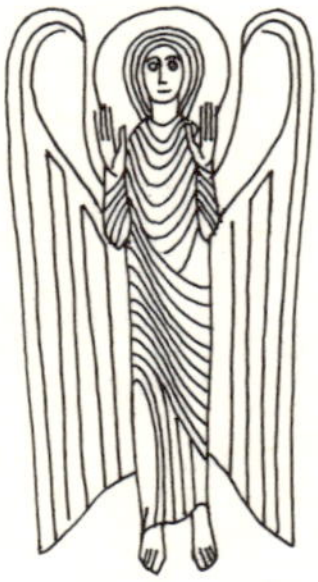

Engel heißt auf deutsch: Bote. Von Boten Gottes, die zu den Menschen kommen, ist in der Bibel oft die Rede. Engel gehören nicht zu der Schöpfung, in der wir leben. Wenn sie Menschen begegnen, erscheinen sie in Menschengestalt. Um sie auf den Bildern von Menschen zu unterscheiden, werden sie mit Flügeln dargestellt, denn die Propheten haben in ihren Visionen die Engel am Thron Gottes mit Flügeln gesehen. – Die Bibel schildert die Engel als Diener Gottes. Sie singen ohne Unterlaß das Lob im Himmel (Kerubim und Serafim), sie bringen den Menschen Botschaften (Gabriel), sie stehen den Menschen bei und begleiten sie (Rafael, Schutzengel), sie kämpfen für Gott und führen seine Befehle aus (Michael).

Gott, aller Schöpfung heilger Herr. *GL* Nr. 605
Heilige Engel. *GL* Nr. 784, 2–5

DAS NEUE JERUSALEM

Was kein Auge gesehen, was kein Ohr gehört, was kein Mensch sich als Wunsch ausdenken kann, das hat Gott denen bereitet, die ihn lieben. Wir nennen das Reich Gottes, das kommen wird, auch Himmel und ewige Seligkeit. Die letzten Kapitel der Bibel beschreiben die kommende Herrlichkeit als das Himmlische Jerusalem. Gott ist darin die Sonne, auf den zwölf Grundsteinen stehen die Namen der Apostel, jedes der zwölf Tore ist aus einer großen Perle. Das Wasser des Lebens strömt aus der Stadt. Am Wasser wachsen Bäume, die dauernd blühen und Frucht bringen. Sie sind ein Zeichen für die heiligen Menschen. Das letzte Wort der Heiligen Schrift ist ein Wort der Sehnsucht nach diesem neuen Jerusalem. Es heißt MARANATHA – Komm, Herr Jesus.

Eine große Stadt ersteht. *GL* Nr. 642
Wachet auf, ruft uns die Stimme. *GL* Nr. 110
Offenbarung 21 und 22

STICHWORTVERZEICHNIS